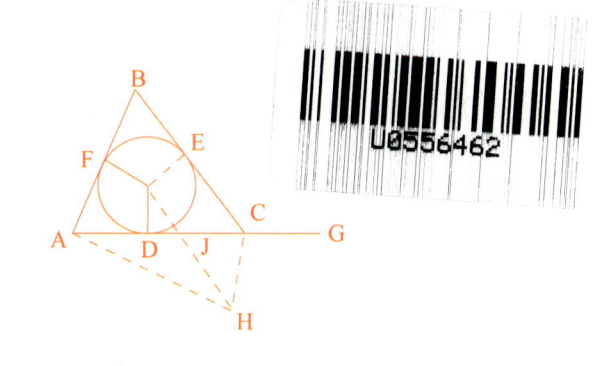

logicomix
An Epic Search for Truth

疯狂的罗素
逻辑学与数学的奇幻之旅

阿波斯托洛斯·佐克西亚季斯
（Apostolos Doxiadis）

赫里斯托斯·H.帕帕季米特里乌
（Christos H.Papadimitriou）

著

阿雷卡斯·帕帕达托斯
（Alecos Papadatos）

安妮·迪·唐娜
（Annie Di Donna）

图

张立英 译

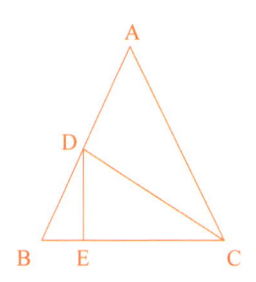

中国人民大学出版社
·北京·

框架与故事

阿波斯托洛斯·佐克西亚季斯
赫里斯托斯·帕帕季米特里乌

脚本

阿波斯托洛斯·佐克西亚季斯

人物设计与绘图

阿雷卡斯·帕帕达托斯

色彩

安妮·迪·唐娜

印刷

季米特里斯·卡拉扎菲利斯
索佐里斯·帕拉斯科瓦斯

图像资料收集与字体

安娜·巴迪

献给我们的孩子们：
埃琳妮，埃玛，伊莎贝尔，卢，
科蒙，康斯坦丁诺斯，
塔蒂亚娜，欧格斯

目 录

序幕 \1
第一章 彭布罗克庄园 \21
第二章 术士的学徒 \67
第三章 游历 \109
第四章 悖论 \149
   幕间休息 \193
第五章 逻辑哲学战争 \215
第六章 不完全性 \259
   尾声 \297

《疯狂的罗素》与现实 \313
笔记 \315
参考书目 \339

序 幕

基础探索
草稿
基础探
草稿
基
这真是一个悲伤的故事！不过……
呀——呀！
哦！抱歉……
欢迎大家！我是**阿波斯托洛斯**，我认为今天你们能来非常棒……
……可以和我们一起见见……
……这个人！

赫里斯托斯！	赫里斯托斯是一名**理论计算机科学家**，因此在某种意义上，他也是个**数理逻辑**专家。

而这个领域的专家……

……**正是我们所需要的**……

……在这个节骨眼上！

你要明白，这不是一本典型的、通常意义上的漫画书。

实际上，当我们着手做这件事时，朋友们都觉得我们**疯了**！

当他们真正严肃地对待我们的工作时，这就好像……

……**错误推理**的规则一样，他们更愿意把这本书看成**不是**它表面的样子！

……就像是一本**"逻辑学傻瓜书"**之类的书，或者可能……

……是在**漫画小说**伪装之下糟糕的**教科书**或**专题论文**！

4

然而**并非如此**！这本书里，正如 99.9% 的漫画书一样……

嗷

……我发誓，真的……

在讲故事，就是一个故事！

汪！汪！

但也许你会接着问，如果这"只是一个**故事**"的话，为什么还需要一个**逻辑学专家**？

好吧，**有成千上万个故事**，而我们的故事正是在**这个**意义上看起来与众不同：故事里的**英雄**都是**逻辑学家**！

当我们开始着手时，我们本以为仅仅依靠自己已有的那点知识就够了……

"我们"包括我自己和艺术家们……

阿雷卡斯   安妮

我们本以为，我在几十年前钻研**数学**时所学的那些知识已经足够了！

但随着**故事**的逐渐成型，我们意识到需要一个真正了解这些背景知识的人，只有这样才能……

……把故事讲得**像模像样**！

好了，开场白讲得够
多了。我们现在出发，
去见**赫里斯托斯**！
哈，
他在那儿！
见到你真好，
兄弟！
但是我们
最好……
……不要
告诉他……
……我在做
“直播”，
好吧？
……这样能让
他更**自然**
说什么？
我必须要说，
你能来我太开心了！
我也是！
可不是**每天**都能被邀请
来参与**漫画书**制作的！
而且还是关于……
……**“探寻数学基础”**的！
希望你能
喜欢这本书！
噢，谢谢。
我当然也
希望如此……
快多和我说说！
关于**“探寻”**，
你们的切入点是哪儿？
嗯，其实
相当的曲折！

故事开始于1939年9月，更精确地说是——

这么晚？

你会知道为什么的！还记得那是……

9月1号，希特勒突袭波兰。

对！闪电战！

……德军斯图卡式俯冲轰炸机扫射了波兰步兵和骑兵。

装甲车碾碎了防御工事。

世界大战已经来临……

强攻之下，防线溃败，纳粹鼓吹者试图让波兰人民把矛头指向他们的天然盟友。

英国，都是你们的杰作！

由于英国与希特勒签订了互不侵犯的《慕尼黑协定》，任务的执行变得越发容易。

注意……

……在突袭波兰三天后，作为公共知识分子为大家所熟知的伯特兰·罗素[1]，按原计划到美国一所大学做有关"逻辑在人类事务中的作用"的演讲。

号外！号外！

我们的故事就从那一天开始了……

1939年9月4日。

又是历史性的一天……

！

快来看报！

英国参战

……因为那天英国对德国正式宣战了。

> 快来看报!
> 世界大战又来了!

后面会提到很多罗素对随后的新形势的反应……

……但是在那之前,我们来看看另外一种反应!

> 让我们远离战争!
> 我们要在这里工作
> 而不是在那里死亡
> 写给罗斯福总统

为了防止美国卷入欧洲战争,一群被称为"孤立主义者"的美国人开始行动。

这个人群构成很混杂:从美国共产党成员到纳粹的支持者,从理想主义的和平主义者到普通公民,他们都在担心这场世界大战的后果。

> 哦,我知道什么是"孤立主义者"!但他们在这本"探寻"里要做什么呢?

> 后面就知道了!此时**罗素**抵达那所**大学**……

……一群学术显贵正在恭候他的到来。

欢迎罗素教授

但不只是他们。

我们遇到了一点……呃……小麻烦……

哦？什么样的？

……呃……新的国际形势……

……造成了一些影响！

更确切地说……

一群"孤立主义者"聚集在罗素要发表演讲的那栋建筑的入口！

美国保持中立

和平

他们对于演讲者有一个非常特殊的请求……

"罗素教授，不要做演讲了！加入我们！和我们一起抗议！"

"孤立主义者"们有很好的理由提出这个要求，尤其是对伯特兰·罗素！

我知道：**罗素以和平主义激进派闻名于世**！

……甚至还为此进了监狱！不过那是在**第一次世界大战中**！

你是个有理性的人，教授！

我？现在？

站在我们这边！

索姆河[2]？不！谢谢！

我说……

……为什么你们不一起进来听听我的演讲呢？

不！你应该待在外面，就是这儿，和我们在一起！

……我们，有理性的人！

当然，罗素可不是个简单的对手。

但是我要谈的就是……理性,讲它的最高级形式——逻辑!这恰恰是聊战争的一个特别棒的开场!

我们不是来这儿听演讲……或者"聊天"的!现在是该行动的时刻!

不要战争!

然后呢?这些"**孤立主义者**"接受他的邀请了吗?

哦,他们可不会错过这样一个传播观点的机会,尤其是在这位**明星和平主义者**的主场!

哈……

看那儿……

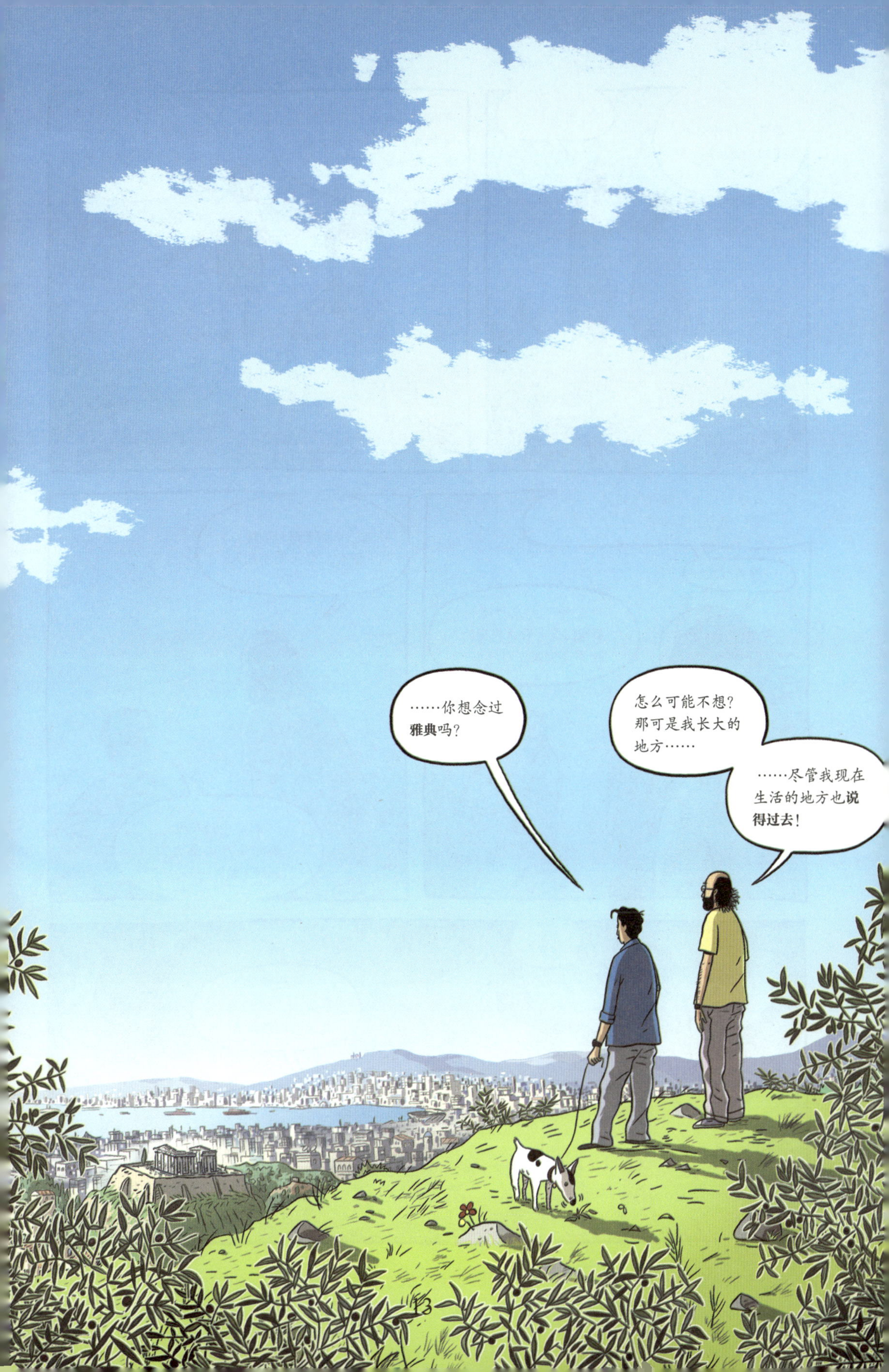
……你想念过**雅典**吗？
怎么可能不想？那可是我长大的地方……
……尽管我现在生活的地方也**说得过去**！

— 对了,你什么时候回伯克利?

— 明天!

— 那我们只有今天一天时间和你一起讨论这个故事的第一部分了?

— 坦率地说,这是我听过的**最疯狂**的事情!

— 我理解你对"**探寻**"的热情!但为什么要以……

— ……**漫画形式**?

— 用这种形式来讲述**英雄们追寻伟大目标**的故事再完美不过了!

— 好吧!从**唐老鸭**到**伯特兰·罗素**,中间还有**超人**!

— 这本书中的**英雄**都很有人格魅力,**充满了激情**……

— ……**也饱受煎熬**。事实上,他们是真正的**超级英雄**!

选择从**罗素**开始是个很棒的主意,他是这个故事里的大明星之一!

但那不是我们选择他的唯一原因。还因为他的一些**其他方面**……

啊,对……政治活动家、哲学家、有女人缘!

还有更重要的:他有着复杂的**人物性格**!

你知道,由于**工作**关系,我对"**基础探索**"尤其着迷。我们这个领域的绝大部分**伟大的想法**都可以在那里找到源头。

不过,我们的焦点在**人物**上!

我们之所以对他们的**想法**也感兴趣,是因为它们是这些人物**激情**迸发的产物。

对了,我读了你发过来的吉安-卡洛·罗塔[3]的文章,讲**逻辑学**的创建者们的**精神病**患病率高得出奇的那篇。

那与之不同的解释是什么?"他们由于**疯狂而成了逻辑学家**"?

别!别这么早揭开"**悬疑小说**"的真相!

这就比较接近**真相**了,如果换个说法就是——

这不值得思考吗?尤其是,和坊间传说相反,其他大多数的**数学家**并没有疯!

所以,为什么偏偏是**逻辑学家**中有这么高的**发疯概率**?注意……

……我认为"他们是因为考虑了**太多的逻辑问题才变疯**"这样的老话站不住脚!

16

* 两幅图中传来的法语歌声,大意是:……又或者那些大腹便便之人!但这是个现实里的……他们就在那而,确定无疑,为了……收获一些时间,相爱的人们……

** 阿波斯托洛斯的狗并不是根据日本漫画命名的。"曼加"(Manga)是希腊俚语,意思类似于"酷哥"(cool dude)(美国)或者"浪荡少年"(Jack-the-lad)(英国)。

Les amoureux qui s'becott'nt sur les bancs publics, bancs publics, bancs publics, bo

?

嗨,你好!

我们的"逻辑学专家"终于来了!

我是阿雷卡斯。希望你会喜欢我们的项目。

安妮。谢谢你的帮助!*

我还不一定帮得上忙呢!

En s'foutant pas mal du r'gard oblique des passants honnêtes... Les amoureux qui s'becot

我是安娜,负责调研工作,有什么需要帮助的地方请尽管说。

有人要咖啡吗?

* 安妮是法国人,原文中一直说着带法语"口音"的英语。

18

……所以，**伯特兰·罗素**抵达了这所大学，要发表他的演讲，然后——

我已经把示威者的事情告诉**赫里斯托斯**了！

啊，好的！嗯，一番争论之后，"孤立主义者们"涌进讲堂，来听这场演讲。

我觉得我也会加入听讲的队伍……

伯特兰·罗素教授
《逻辑在人类事务中的作用》

这里，请自行想象画面**颜色**！

注释

[1] 伯特兰·罗素,详见本书第329页。
[2] 第一次世界大战中期,英、法军队在法国北部索姆河地区对德军阵地进攻的战役。此战双方伤亡130余万人,战况惨烈。
[3] 吉安-卡洛·罗塔(Gian-Carlo Rota,1932—1999),意大利裔美籍数学家、哲学家。1970年提出著名的罗塔猜测。
[4] 亨利·米勒(Henry Miller,1891—1980),美国作家,代表作《南回归线》《北回归线》。

第一章　彭布罗克庄园

女士们、先生们，我很荣幸地向你们介绍今天的演讲者，伟大的数学家……

……伟大的哲学家，更重要的，伟大的逻辑学家！女士们、先生们……伯特兰·罗素勋爵！

啪 啪 啪 啪 啪 啪 啪

谢谢……

好的，院长请我来谈谈《逻辑在人类事务中的作用》。当然，如果我只遵从字面意思来理解的话……

……你们将会听到有史以来最短的演讲！

哈哈 哈哈 哈哈

许多所谓的"重大事件"之所以重大，恰恰是因为它们的非理性。而没有什么比战争更不理性的了！

对于那些刚才在门口"欢迎"我的抗议者们，我想说：你们让我想起了我也曾参与的另一场抗议。

……反对另一场战争。

我完全同意：人们对于影响他们生活的重大决定绝对应该有权发言！

而对于人类而言，在当下这个时刻，再没有什么会重要到超过……

……对可能发生另一场世界大战的恐惧！

那么，自然会有这样的问题：你们是否会加入英格兰对抗纳粹的战争？你们是否会成为"兄弟的守护者"？

不！我们不应该！

嘘——！

请耐心些……

24

因为，我首先想问：你们会用什么样的方法来做决定？

仔细想想这个问题。

好的，首先，我希望你们认同应该使用**理性**的工具！

但这又是些什么呢？什么是理性的特有工具？

要有意义地回答这个问题，我们必须像希腊人那样，回溯到很久以前……

……并问一问：什么是逻辑？

这正是我今天演讲中要讨论的问题。

亚里士多德说过："要想了解某事，你必须追根溯源。"

噢，好嘛！现在我们要听古代史了！

……将从它的狂热爱好者之一的事说起。

……那就是我自己！

但是我要给你们讲的逻辑故事……

咔嗒

当我还是个小孩儿的时候，
那时我当然还不是逻辑学家，
我来到了“彭布罗克庄园”。
……就是这儿。
……这是我的祖父约翰·罗素勋爵的家。
当然还有我的祖母，人人都叫她“约翰勋爵夫人”！
我至今还清晰地记得到达那一天的场景。
当时下着雨。
当心别弄脏了您的鞋子，伯迪少爷！
雨伞是黑色的。

我的祖父是一位重要人物。事实上，他当过英国的首相。

你好，小伙子！看到这枚硬币了吗？我能让它消失！

现在不行，约翰！

……但他可不是彭布罗克庄园的首相！

跟我来，年轻人！

"约翰勋爵夫人"带我来到迷宫般的走廊，上上下下，穿过了数不清的门……

并一直宣讲着将会约束我的新生活的种种规则……

任何时候都要干净整洁……

衣服要**永远**整齐……

发型要**得体**……

不要高声讲话，不论什么原因……

不能回嘴……

永远都不能赤脚……

规则，规则，规则……

你们一定知道：逻辑就是关于规则的。事实上，它以定义为起点，并通过规则来延续下去。
在这个意义上——也仅仅是在这个意义上——我认为我是祖母的门徒。
……在某种意义上说，是她最忠诚的学生。
哦，我祖母热爱规则以及……
……定义！
“卧室”就是你晚上睡觉的地方！
即使是最普通的概念，她也要用自己的、严格的标准来重新定义。
即使是此时此刻，在我和你们说话的时候，我仍然能感受到当第一天的黑夜扑面而来时，我心中那巨大的孤寂感……

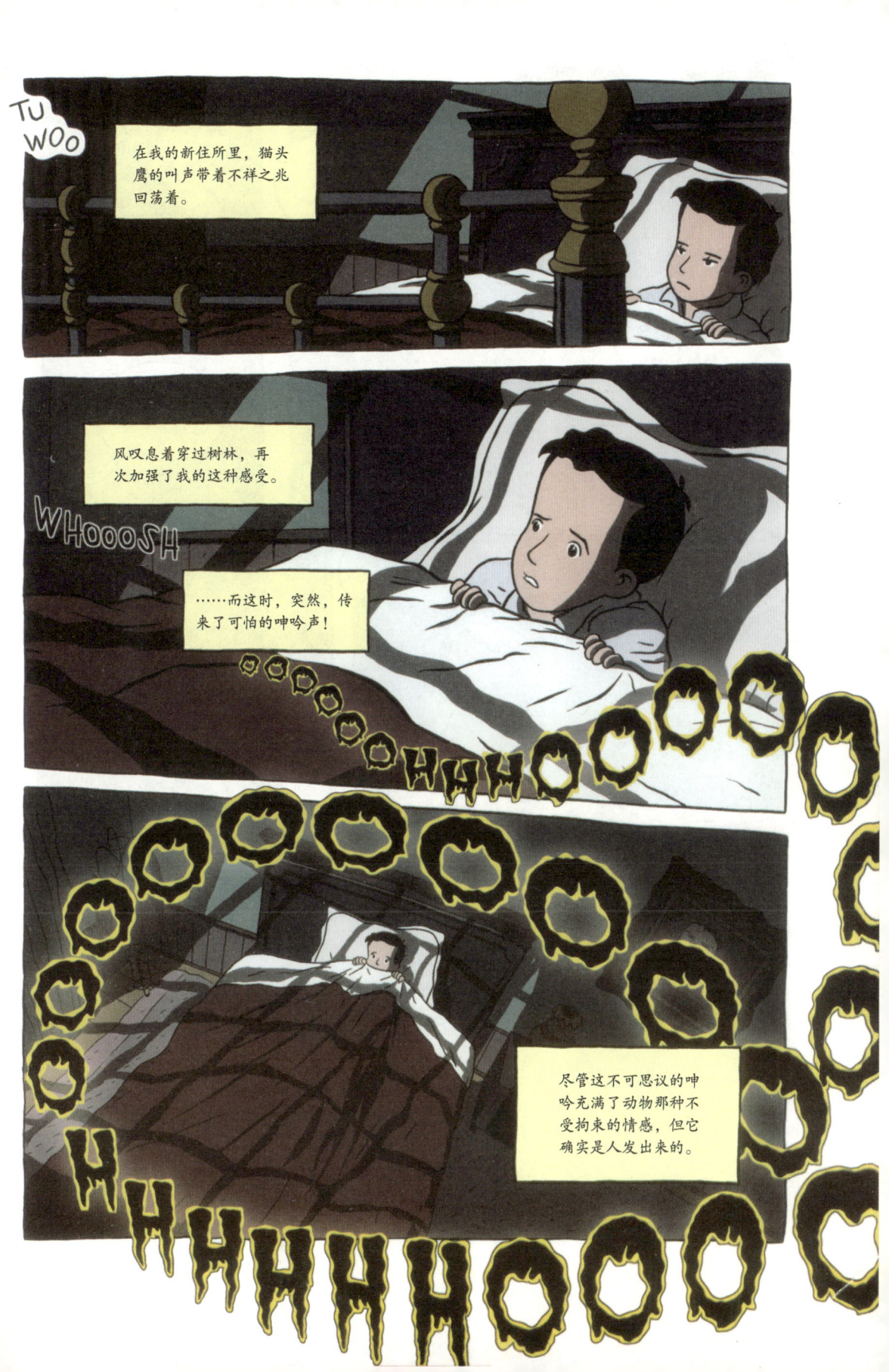

在我的新住所里，猫头鹰的叫声带着不祥之兆回荡着。

TU WOO

风叹息着穿过树林，再次加强了我的这种感受。

WHOOOSH

……而这时，突然，传来了可怕的呻吟声！

尽管这不可思议的呻吟充满了动物那种不受拘束的情感，但它确实是人发出来的。

HHHHHHHOOOO

OOHHHOOOOOO...
这恐怖的呻吟声从何而来成为我人生中的第一个谜团……
呃……打断一下，罗素勋爵。
您还没提到您的父母！
啊，是的！这当然是所有谜团中最大的一个！
我父亲曾经告诉我，我的母亲去很远的地方旅行了。
那时我也不知道他们在哪里。
所以，在他也消失之后，我就假定他是和母亲一起去旅行了。
……尽管我持续地接收到相互矛盾的信息，但对那时的我来说，要弄清真相是不可能的。
还是让我回到在庄园第一夜那鬼魅般的经历……
……或者，更准确地说是接下来的那一天。

我着实感到惊讶。

呃……您好……

是，伯迪少爷。

请问彭布罗克庄园里有鬼魂吗？

……我认为应该没有！

您听到可怕的号叫声了吗？

当然没有！

……那一定是风！

这是我第一次体会到知识的本质问题之所在：为什么每个人都在否定我如此清晰地听到的东西呢？

是我听错了？还是其他所有人？或者他们都在撒谎？但还有第四种……

……更加不祥的可能性浮现在我眼前，一种让我充满恐惧的可能性。

那些号叫会不会是一种幻觉？难道我听到的并没有真实地发生过？这意味着……

……我疯了？

| 幸运的是，我的好奇心并没有让我深陷于这种沉思……

……而是指引我展开了调查。

声音是来自那儿的！

正如之后的很多人生场景一样，我的求知渴望战胜了恐惧。

？

就是这儿！

上帝保佑我……

锁上了！

在彭布罗克庄园里的头几个月,我绘制了这座房子的平面图。最近我在一个发霉的手提箱里发现了它……

看!到处都是禁令和黑暗的秘密……

尽管有各种限制的重压,我却在这座古老宅邸的花园中第一次体会到了我人生中少有的、自由的感觉。

在那里,总有好玩儿的事可以做。

还记得那是早春的一天，天气很好，难得祖母出门去了伦敦，让这一天变得更加美妙。

她不在家，让我有了一次宝贵的探险机会。

祖父的书房基本上算是……

……祖母全力掌控的头号"禁区"。

哒，嗯，哒，哒♫

♪所以，♪尽管充满——♪诱——惑♪

！

成为其他国家——的公民，哒，嗯，嗯，嗯，嗯，嗯，哒，哒……♪

他仍是一个英国人——他——
仍——是一个……
咔嚓
！？
你要是不出来，我就不带你去参观我的藏书室啦！
喔！是你吗，伯迪？
祖母把我控制得很紧，我之前从未有机会单独和祖父接触。
快过来！看看我度过“金色年华”的地方。
快点，快点！你祖母不知道……
！
……就没事！

哇，这真是一个大宝藏！

这些书您都**读**过吗，祖父？

别开玩笑了，小家伙！

这大部分都是**我**祖父的！

?

而我仍然享受着在这些伟大思想中间徜徉的快乐，呵呵！

但丁
地狱

抱歉，小伙子，这是本禁书！

如果我对知识是件危险的事曾经心存疑虑的话，现在这些疑虑消失了。

"禁"书？

你的祖母是不触碰"知识之果"的信徒！

而我就不得不充当某种意义上的刻耳柏洛斯[1]了……

但是，实际上，我认为说他充当的是巨蛇[2]更贴切！

虽然祖父并没有真正给我拿任何一本书看，他却对这些邪恶的等级做出了诱人的描述！

……**自然之书**是纯洁的，除非它们包含了**生殖**方面的内容。

小说，在左边的墙上，被认为是荒诞的，最好放在安全的地方并且远离它们……

社会理论家和**哲学家**们，被放在书架的最顶层，在我的右手边，是绝对的禁忌！

还有另外一种，是**完完全全**的禁书！在那边……

……只适合用钥匙锁起来保存！

禁止往往会带来诱惑。

这个地方**绝对**要再来看看！

然而……

……当我再次踏进这个藏书室时，已经是很多年以后了。

38

那个夜晚，当我躺在床上准备入睡时，脑海里充满了对探索新世界的渴望……

……突然传来了可怕的号叫声，那声音和我在彭布罗克的第一晚听到的一模一样……

然而，在最初几秒那令人瘫倒的恐惧过后……

……想调查其来源的决心变得势不可当！

但正当我准备出发去一探究竟时……

?

40

第二天，我最后一次向祖父道别。

坐在他身边，我禁不住想，祖母的反应是愤怒大于悲伤……

……而我想我知道是谁引起了这愤怒。

那个晚上，风暴降临……

咔——嚓！

……我最害怕的事情出现了，那声音震耳欲聋。

祖父因为给了我知识树的果实而受到了惩罚。

我现在正被警告，而且这警告相当清楚：

"不要重蹈他的覆辙！"

如果我胆敢再次踏足禁区……
……报应之神的雷电将把我的世界夷为平地！
1879
Article
如她一贯的作风，祖母不信任外面学校的教育。
Διδάσκουσι δὲ τοὺς παῖδας καὶ σωφροσύνην· μέγα δὲ συμβάλλεται εἰς τὸ μανθάνειν σωφρονεῖν αὐτοὺς...
所以她雇了一位家庭教师。
1880
σωφρονειν αὐτούς
ὅτι καί τούς
ἐρῶσιν
一位研究已消亡语言的专家……
δε τούς ἄνδρας
现在你来说！
omnes
omnium
omnibus
omnes
omnibus
omnes

但对于我的宗教教育，她不信任任何外人。

"耶和华的灵降在我身上……带我出去，将我放在平原中……"

是平原的中间，孩子！

"……平原的中间，那里布满骸骨，而且极其干枯……"

祖母？

请告诉我，我的父母在哪里！

嗯，我只能说他们在安全的地方。

您的意思是……一个他们不会再受到伤害的地方？

不。

我的意思是一个**他们**不会再伤害到**别人**的地方！

1882

随着时间的流逝，我最初的疑问仍旧没有答案。

因为缺乏知识，要想应对那些谜团，我只能求助于宗教信仰……

而谜团却越来越多……

咔———嚓！

帮帮我！

结果是不太成功的。

……我们在天上的父，愿人都尊你的名为圣，愿你的国降临……

1883

不过，在我逐渐长大后，境况有了明显的改善。

一个春日之晨……

伯特兰？

？

……为我带来了令人愉悦的惊喜！

我是你的新……

……德语老师！

而最让我高兴的要数……

Wie herrlich leuchtet
Mir die Natur!
Wie glänzt die Sonne!
Wie lacht die Flur!

一个年轻人……

嘎吱嘎吱

……他的信念在某种意义上已经挣脱了祖母的严厉管控！

正是他引领我认识了一位很久以前的绅士。

我来说明一下**欧几里得**的**命题**:如果一个三角形的两个角……**任意三角形**……

……是**相等**的,那么必然,其两条邻边也相等……

你说的"必然"是什么意思?

……就是**逻辑的必然性**!

现在,假设这个命题**不是**真的……边 AB 比边 AC 长,那么……

……边 AB 上存在一点 D,使得 AD=AC。

……那一天简直是太神奇了!

……这样就得出了结论。证明完毕。

AB=AC
DB and BC equal AC and CB
Thus ∠= angle ACB
and DBC = ABC
AB is not unequal to
⇒ AB=AC

你自己做一遍!

……神奇!

在与欧几里得相遇后，我的人生发生了翻天覆地的变化。在他的著作中，我发现了我之前在祖母的信仰里苦苦追寻而不得的东西。

几何向我展示了通往事实的唯一方法：推理。在这里，我第一次感受到了完全确知某事的美妙体验！

证明也因此成了我通往真理的皇家大道！

这次邂逅影响了我的整个世界观……

……而且我的新老师并没有止步于欧几里得。

关于世界的可靠知识只**能**经由科学带给我们。

而**物理学**的原动力是**数学**！

是它？

光学现象、电流、行星的运动，**都能通过科学来探索！**

科学也能解释雷电么？

噢，它解释雷电**尤其拿手**，小伙子！

科学是我们**唯一的希望**。

在夏日时光里，这样的描述听起来特别舒服。

但是，当冬夜降临……

……所有不好的事情都复苏了……

咔——嚓!

……我的死敌——雷电——又潜回了……

咔——

轰——隆——隆

……我于是去寻求……

穆勒小姐?

……更传统的安慰!

我能拿你和夏天相比吗?
你比夏天更加可爱和温存,
微风摇曳着迷人的五月花蕾,
夏日的契约……

现在好点了吗,小伯迪?

之后发生了这件事：一天晚上就寝时，我收到了一封非同寻常的信。

我只能猜测送信者的身份……

……但我完全确定它对我的影响。

彭布罗克庄园

河

教堂

不要告诉任何人
一个人去

去那里

当天，我逃离祖母的监控，沿着神秘字条指示的路线前进。

我的好奇心勉强战胜了被抓住的恐惧。

罗素

我到了……

我的祖先们长眠于此……

约翰·罗素
1842—1876

凯瑟琳·罗素
1842—1874

约翰·罗素
1842—1876

凯瑟琳·罗素
1842—1874

蕾切尔·罗素
1868—1874

但并非只有我一人。

♪ 没有国家如我们这般神圣，因此必须把暴君打倒…… ♪

慈悲的天使和**牧师**啊!

……到时你将繁荣、伟大和自由,让所有其他的国家恐惧又嫉妒!

?

我看到了一个**鬼**!

这是我的**家族墓室**,先生。

你知道,我——

啊——啊!

统治吧,不列颠尼亚,不列颠尼亚,统治这片海域,**不列颠人民永远**——不会被奴役!

给我回来,你这个卑鄙**鬼**!

几年以后，我再一次在村庄里遇到了可怜的"老帕克"。

他的双腿是在克里米亚的塞瓦斯托波尔战役中失去的。

这位残疾老人让我第一次见识到了战争的邪恶。

我现在知道我的父母在哪儿了。但还是不知道他们怎么成了这样……

一个好消息是，祖母把钥匙藏起来时被我看到了！

……我知道到哪儿去找答案。

"完完全全的禁书"！

就是这个。

终于，我可以面对我的家人了。

蕾切尔·罗素，我的姐姐。

她在刚满六岁时死于白喉，引爆了后面的连锁反应……

凯瑟琳·罗素，娘家姓斯坦利……

……我的母亲死于同一种疾病……

……她们的死给了父亲很大的打击，他已经失去了活下去的意愿。

约翰·罗素逝世
约翰·罗素，安伯利子爵，罗素伯爵之子，34岁，因急病在家中去世。他紧随他年幼的女儿蕾切尔和他深爱的妻子——斯坦利男爵二世的女儿凯瑟琳——而去。

家族相册揭示了死因，但这并不是他们让祖母产生巨大愤怒的可怕罪行。

那个总是热衷于解释的人……

58

……闯入了犯罪现场。

你知道你在做什么吗，小子？

但我太过震惊，都忘了害怕。

尊敬的祖母，我知道自己在做什么！

我在努力找到你向我隐瞒的一切！

为什么……我说……

而这恰恰是我想要做的！

祖母因为太震惊而不知该作何反应。

一小时后我终于知道了我父母那"糟糕的秘密"……

……他们和一个体弱多病的年轻人过着三人同居的生活。

当然是不寻常的!但是没有什么事能可怕到需要切断一个年轻男孩对父母的记忆。

还有更为隐秘的事情……

约翰·罗素去世后,他的父母约翰·罗素勋爵和勋爵夫人弗朗西斯·安娜·玛利亚·埃利奥特·罗素、他的兄长威廉以及他的儿子伯特兰·阿瑟·威廉·罗素仍健在,伯特兰·罗素由他的祖父母照顾。

我有一位**伯父**?

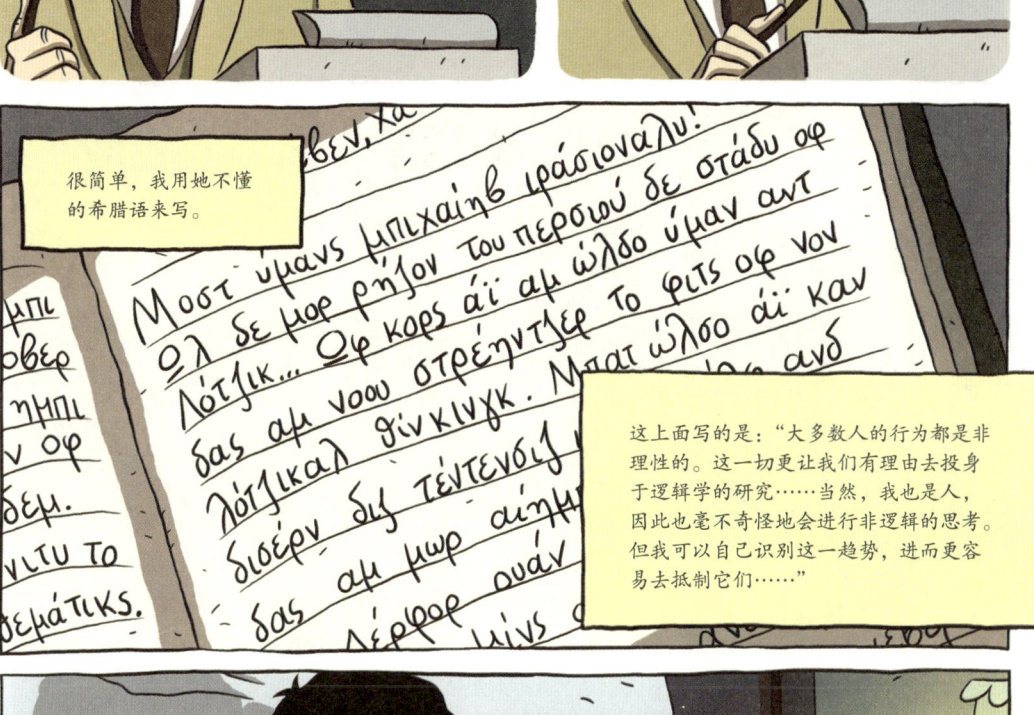

那一年，我的第一部哲学著作开始启动：一本私密日记！

但由于正在和祖母交战，日记是用密码写的。

很简单，我用她不懂的希腊语来写。

这上面写的是："大多数人的行为都是非理性的。这一切更让我们有理由去投身于逻辑学的研究……当然，我也是人，因此也毫不奇怪地会进行非逻辑的思考。但我可以自己识别这一趋势，进而更容易去抵制它们……"

出于保密需要，我的日记本的封皮写着"希腊语练习册"，这本日记成了我的所有秘密、违禁思想的避难所。

我有很多东西要写进日记!

……因此,由**平行公设**可知……

那是?

就是通过**直线外的一点**,只有一条直线和这条直线平行。

但是我们还没证明**它**!

因为这是一条**公理**,小伙子!

但是你说过,几何中的一切都要通过证明得出!

如果依赖于**未证明**的东西给出证明,那这**证明**还有什么价值?

嗯,即使是老欧几里得也不得不认为一些事情是理所当然的!

这个时刻我感到极度的失望。

……但这却点燃了我之后的生命。

在一个寒冷的傍晚，记得那是我在庄园里的最后一年……

……当时我正在把我的想法写进"希腊语练习册"，传来了熟悉的、可怕的呻吟声。

这次我下定决心要找出真相！

保佑精神上贫穷的人……

……因为**天国**是他们的。保佑**哀恸**的人，因为他们必得**安慰**。保佑……

⚡！

这就是我的伯父，我父亲的兄弟。

在他的脸上我看到了将成为我最可怕的梦魇的化身……

疯狂！

事实上，那一刻，疯狂几乎侵蚀了我的整个大脑。

我那时差点就此结束了我的生命，要不是……

保佑饥饿和口渴的人。

我还对推理心存希望……

……我想看看我已经在数学中窥见的逻辑世界的全貌。

注释

[1] 刻耳柏洛斯（Cerberus），希腊神话中的冥府守门狗，蛇尾三头，长年不眠。罗素的祖母将知识视为可怕的东西，罗素的祖父则比喻自己在守护这些可怕的东西。

[2] serpent，现在通常译为蛇或者狡猾的人。原为《圣经》中记载的巨大蛇形恶魔，是撒旦的化身，引诱夏娃吃下了禁果。

第二章　术士的学徒

呃……
ZZZ
怎么？
啊——
我能明白你是怎么朝着“逻辑和疯狂”这个主题来进行构建的。
这是根据人生本来的样子构建的。
但是——罗素不是还有个哥哥吗？
是的，比他大不少。他去了寄宿学校。
但我们决定把他砍掉了。
“漫画特许”……

是啊，否则我得画到下辈子去！

关于对疯狂的恐惧……

哦，**这个**我们当然不会砍掉！

我的意思是，说罗素要不是因为**数学**……

……差点就**自杀了**会不会有点牵强？

这是真的！他在"希腊语练习册"中写了！

你是说他写了 'Άϊ γουλδ κιλλ μαϊσελφ?' *

Γιές! 'Ανδ νάου, ίφ γιου δόντ μάϊνδ, δέ στόρυ κοντίνιουζ…**

* "我真想杀了我自己。"
** "是的！嗯，如果你不介意，故事继续……"

女士们，先生们，请想象我现在身处一个与这里十分相似的讲堂……

……只是这一回的身份是听众！

一名听众，请注意，听众中的绝大部分都是年轻人！

我看到他了……在第三排！

……伯迪·罗素先生！

那是我在剑桥大学的第一年。

因此，如果认为c无穷小……

……我们可以使用代数方法……

这是为了实现我成为数学家的梦想所迈出的第一步。

稍等，教授！

我想请教您如何来**定义**"无穷小"？

为什么这么问？这**很显然**，就是"无穷地小的东西"！

但是，在大学里与"科学女王"的初次接触却让我失望透顶。

但这是一个循环！

你不能在一个词的定义中用到它自身！

哦？你是在反对牛顿发明的微积分吗？

不！是**牛顿**在反对**欧几里得**发明的"**严谨**"！

数学是**理性最后的依靠**！我们不能用草率毁了它！

我们当然不会为了适应一位自以为是的年轻人去**改变**它！

我本希望通过学习数学来看清真的本质……

唉

……但我学的都是些廉价的计算伎俩！

然而，我对知识的渴求并没减少。

您好，请问**大学图书馆**怎么走？

在剑桥，我发现了一个新世界。

新的选择。

"'**没有什么原则**，'巴扎洛夫说，'我喜欢**否定**！我的大脑就是为此而生的！'"

屠格涅夫 著
父与子

美味又邪恶的新小说帮助我逐渐摆脱了对祖母的严厉掌控的恐惧。

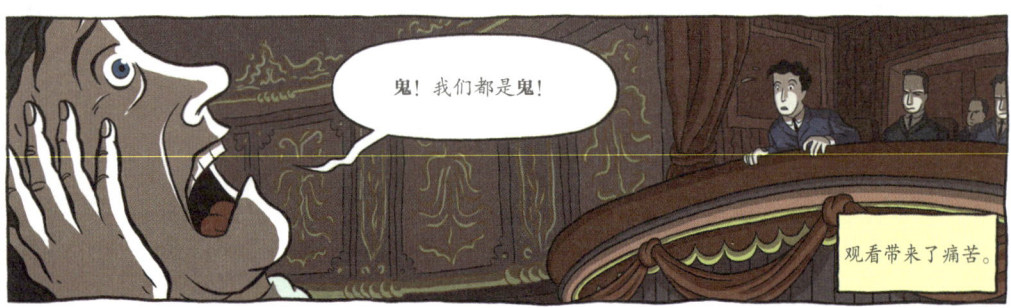

而新戏剧也给了我打开黑暗秘密的钥匙……

我的头开始感到**剧痛无比**……

就好像有一个**铁环**在我的脖子上越勒越紧!

……遗传的秘密。

医生已经告诉我真相了!

什……什么?

"从出生起就一直有东西在**蚕食**你!"父辈的罪恶降临到了**孩子**身上!

哦……!

鬼!我们都是鬼!

观看带来了痛苦。

污秽！简直就是个下水道！

实在太恶心了！

干得好，易卜生[2]先生！

戏剧社演出
《群鬼》
亨利克·易卜生先生 新剧

他传达的信息虽然恼人，却是真的："我们都背负着沉重的包袱前行。"

……必须甩掉包袱！

但痛苦转化成了勇气。

从那时起，我准备好了与我的宿敌开战……

在一次去威尔士的旅行中，雪莱[3]的伟大诗作《阿拉斯托耳》伴我来到了那内在的美妙之境。

……非理性就是它的最高形式！我豁然开朗，疯狂本质上是一种心灵虚弱的疾病，心灵偏离了理性的自然和谐。

"希望和绝望，这些虐待者，都已睡去。
没有致命的疼痛或恐惧损毁我的睡眠……"

"幽暗深谷从它开满麝香蔷薇和素馨
花的林中涌来了……"

"那融化灵魂的香味，吸引你去往更
可爱的秘境……"

"哦，溪流，你的源头遥不可及，而
你又要流向何方？"

在大自然里，我看到一
个新的自由的化身……

……正是我所需要
的，能甩掉我"沉重
包袱"的那种自由。

"美丽的鸟儿，你正奔赴家园，那里有你甜蜜
的同伴，将会用那毛茸茸的脖颈与你缠绕，
欢迎你的归来！"

"大地、海洋、天空,
亲爱的兄弟!
这神秘莫测之境的母亲!
请接受我这庄严的歌,
因为我爱你,永远且专一!"

我现在足够强大,可以直抒胸臆。

终于,我抛开了那些背负已久的黑暗遗产。

在另一次远足旅行中，我撞见了能够完美诠释祖母的信仰的象征符号。

"一座建在沙滩上的房子"……

……正在下沉！

在那之前，教堂会激起我对无所不能的存在的畏惧……

但此时不会了。

我发现这种完全的虚空让我感觉很舒服。

近乎狂喜的体验是对潜藏于心的恐惧残毒的最好解药。

哟——吼——

那些年里，极端的内在紧张情绪经常缠绕着我。
我那关于确定和绝对知识的近乎狂热的激情……
……毫无疑问也因为寂寞而变得更加强烈。
正是那时我遇见了后来成为我妻子的女人。
爱丽丝·皮尔索尔·史密斯。
和我一样，她来自虔诚的宗教家庭……
……当然，也是带有疯狂烙印的家庭。
然而，最初，我们的友谊进展却一点也不“疯狂”……
“**职业数学家**”？职业数学家做什么？做长长的**求和**运算？
意思差不多！
……事实上，就我个人的喜好而言，是过于稳健了！

在剑桥，没人讨论**真正的**数学问题。

真正的问题？

比如说数学真理的**本质**是什么？

……以及我们**如何**得知这一点的？

究竟是怎样得知的？

你如果知道有多少事情依赖于这些**问题**……

就会知道它们有多重要！

令**哲学家**们劲头十足的那种追求真理的热情，数学家们哪怕有一点点也行啊！

啊……**哲学**与我的心灵更接近。

是吗？

那也许我应该追求它……

呃……

要不是因为**我**的话，你才不会呢！

我在求爱方面完全是个新手！

但却没有一丝一毫新手的好运！

先生们，现在可以开始了！

然而，毫无疑问……

……我为爱情着了魔！

即使是在参加"荣誉学位考试"这种可怕的终极考试期间……

爱丽丝也一直萦绕脑际！

$$\frac{eW}{nCosPsM'} =$$

幸运的是,结果还不错!

一级荣誉学位……还不错!

数学荣誉学位

做得好,罗素先生!

我希望这次的成功能使你对**数学**的看法有所改变!

正相反,教授!现在我更加确定,腐朽的根基终有一天会倒塌。

现在,我可以直接说出自己的想法了。

数学大厦将会崩塌!

哦?难道你不担心它的倒塌也会把你压扁吗?

不,您知道,我并不打算待在这座大厦里!

!

同时做出自己的决定。

获得研究员职位后，我可以着手探索新航线了。

阿那克萨戈拉——亚里士多

我如雪莱所描述的"充满灵感、不顾一切的炼金术士"那般充满激情地阅读。

我如饥似渴地追求真正的知识。

同时，我坚持不懈地向爱丽丝发动攻势。

葡萄酒和烈

那你的新"情人"怎么样？

嗯，我不是很确定……

哦？伯迪大师对哲学也不满意了？

至少**数学家**们在尽量避免结果之间的矛盾。

哲学家们就不是如此！他们**个个**都很"伟大"……但彼此之间**充满分歧**。

"钻研哲学"着实意味着要狂塞一份把**所有**想象得到的思想放在一起的"乱炖"！

柏拉图主义者认为表象只是**真正的现实**的一个模糊不清的映象……

而**亚里士多德学派**则把全部信仰建立在**现实观察**的基础之上！

我们头脑中的概念是**先天的**还是**后天习得的**？

伟大的康德[4]说："先天的！"

而伟大的休谟[5]说："后天习得的！"

在**心**与**物**之间是否存在对立？

笛卡尔[6]说是！

斯宾诺莎[7]说不……

任你**挑选**，史密斯小姐！

而我周围的**物质世界**又是怎样的呢?

贝克莱[8]说:"为什么?一切都存在于我们的心灵之中。"

……一个非

咚!

!

……非常极端的观点,我认为!

欧几里得教会我讨厌矛盾。

我转向哲学去寻找真理,以及……

我现在正在读柏拉图的《会饮篇》[9]……

它实际上说的是如何寻找另一半……

多汁的苹果,先生!

实际上,我想我最好先走了!

……关于生活的实际价值的指导。

……但不是一直成功!

和我的朋友乔治·爱德华·摩尔[10]一起，我在当时正流行的黑格尔学派那儿寻求启示。

矛盾范畴的转换表明**稳固对立**的排他反思走向了**否定**，因此这种**反思**把之前的**坚定**稳固降低到仅仅是**坚定**的程度。而由于**立场**已经成为**立场**，因此它又回归到自身的**统一**上。

天啊！

摩尔理解我。

他们把这种东西称作**哲学**？我想找到通往**事实**的路，兄弟！我想找到一个方法来获得**确定**的知识！

嗯，**黑格尔**[11]显然不是你要找的人！

……但谁又是呢？

要是哲学界也有一个**欧几里得**就好了！

您的礼帽做好了，先生！

86

一个能给予它坚实基础和合逻辑的精确语言的人！

那正是**莱布尼茨**[12]所做的……

……他的"思维演算"！

"思维演算"？

在一个帽子店里，我终于找到了我所追寻的。

是的！这是一种让思维像几何学一样清晰的方法。

清晰到当发生意见**分歧**时，我们只需说一句……

嘚——

啪嘟

"计算！"

"……让我们来算一算。"

但是如果真要实现，**逻辑学**就必须成为一门**精确的科学**！

努力才刚刚开始……

莱布尼茨关于"思维演算"的设想，乔治·布尔[13]用他的"法则"继续推进。

为什么我都不知道这些？

也许您可以试试它，先生？

因为哲学家认为这是数学，而数学家认为这是哲学！

看……

逻辑的原子成分是命题。

我们通过确定的法则将这些命题组合在一起。

我与欧几里得的初次会面已经埋下了种子……

……但是听闻了莱布尼茨的梦想后这种子才真正苏醒……

那天之后我知道：我是一位……

……逻辑学家！

啊哈……现在开始情节要变复杂了！

那一天，就在那儿，摩尔引领我进入了一个新的、非凡的世界。

但莱布尼茨是用**形式化的符号语言**来说的……

希腊人知道**这些**！

逻辑的本质其就是通过对已知进行**组合**来探究**未知**的。

"一个**重言式**加上它自身还是一个**重言式**。"

暂停！

"一个**重言式**加上它自身还是一个**重言式**。"这句话是不是有点**太**技术化了？

我是说，什么是"重言式"？

"**重言式**就是由其**逻辑形式**所决定的**必然为真**的陈述，例如'所有的红色蚂蚁都是红色的'。"

我知道什么是重言式了，谢谢！

但是普通读者知道吗？

有这样的人吗？

89

我认为在这里应该介绍一些逻辑学……
……基本概念。
从我第一次听到……
我在和你说话，老人家！
他听不到你说的话，你得和我们说！
这是关于逻辑学的故事，对吧？
不，这是关于这个领域的人的故事！
可是如果不理解他们的思想就没法理解这些人啊。
不能吗？
当然，这也取决于故事的推进方式。
和所有故事的进展一样，由激情主导……
……逻辑学家作为英雄的悲剧！
如果他们是画家，你们难道不打算展示他们的画作吗？

好吧，你心中的确切想法是？

至少给出**术语**的定义吧！

这里的"**逻辑**"指什么？

嗯，就是，啊……呃……

……一种**方法**？

……一个**系统**！

你说得太**宽泛**了，而且……

不……你说的那些都太**琐细**了……

不，不！你们给出了一些简单的**事实**，但……

好吧，要不我们来听听亚里士多德的定义……

"逻辑是新的、必然的推理。"

"新的？"

"必然的？"

新是指你获得了你不知道的……

而**必然**……

91

……是因为结论是**不可避免的**!

明白了吗?

就以小学生都知道的那个著名推理为例……

"所有**人**都会死。"

"**苏格拉底**[14]是人。"

"所以**苏格拉底**会死。"

看到了?从两个**已经知道**的陈述得到了一个新的且必然的结论。

还有待证明,曼加!

……所以,**莱布尼茨**转化到**符号系统**中的正是这种类型的推理。

那布尔呢?

我们可以继续讲故事了吗?

……布尔更进一步,而且——

我们让故事的主角来为大家介绍布尔吧!

从听到那个关于纯粹的逻辑演算的梦想那天起,我就着迷了。这个新的诱惑完全控制了我的生活……

……嗯,几乎完全!

伯迪?

即使是在充满理性的理想城,非理性的爱神厄洛斯也会悄悄潜入。

这本书的作者很**吸引人**?

足够吸引人……

……他是**你**这本书的作者心中的**英雄**!

他说**布尔**是把**逻辑**变得和**代数**一样清晰的人!

哦?

确实如此!"**刘易斯·卡罗尔**[15]",也就是**道奇森先生**,他可是布尔思想的**专家**。

真没想到!

你还记得**特威迪**[16]的话吗?

"相反,如果它过去是这样,那么它**可能**是这样。如果假定它是这样,那么它**将会**是这样。但如果它不是这样,它就不是这样。**这就是逻辑!**"

哦,是这样,真的?

如果你想知道,跟**我**来,小爱丽丝。

但是我不喜欢**特威迪**。

……或者这儿的是**特威达**?

……当然,是我身边的这位**爱丽丝**!

喵……

那取决于你想去哪儿!

那样的话你走哪条**路**都无所谓!

哦,**柴郡猫**[17]你好!请告诉我,从这儿出发,我该走哪条路?

呃……我不那么在意我要去哪儿!

94

你看，**逻辑**的确是个工具。只是你必须知道把它放在哪里用！

它本身很简单。而且……

……现在，我要当**毛毛虫**啦！

等等！我想有个角色正好适合你！

疯帽子先生！

时间到了，**海象**[18]说……

救命啊！

……我们给小爱丽丝蒙上眼睛！

你疯了，伯迪！

我疯了！你也疯了！我们都疯了！

1……
2……
3……

16……
17……

20！

看到你了！

他在哪儿？

伯迪?

你在哪儿,伯迪?

"伯迪"不在**这**儿,小爱丽丝!

!

我要抓住你,**帽子**先生!

?

哈哈，哈哈！

！

如果你能做到就来抓我吧，小爱丽丝！

哦，我会的。你这个可恶的家伙！

咕咕！

这回抓住你了！

好吧,我**放弃**!我现在该走哪条路?

这取决于你想去哪儿,小爱丽丝!

汉普顿宫的迷宫非常适合用来介绍布尔逻辑!

要想驾驭这个问题,你必须确定某条路径的值是否为1,意思是"这条路通向出口……"

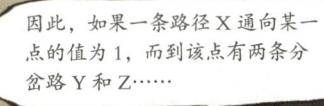

……或者取值为0,意思是"这条路不通向出口"。

因此,如果一条路径 X 通向某一点的值为 1,而到该点有两条分岔路 Y 和 Z……

……我们接下来把正确路径的选择求出来。

……表示 X 的后续是 Y 或 Z。

$$X$$
$$Y \vee Z = 1$$
$$\text{if } Y = 1 \text{ OR } Z = 1$$

……如果 Y 或 Z 取值为 1,或者它们两个取值都为 1,则整个取值仍为 1。但如果 Y 和 Z 的取值都为 0,则取值为 0。

然而，由于一些奇怪的原因，我的准恋人对代数化的逻辑的精微妙处并不感兴趣……

……我只好放弃了这次迷宫导航。

但此时我发现爱丽丝正在以另一种形式来进行二元研究。

他爱我……他不爱我……

爱丽丝……

他爱我……哦，你好，伯迪！

对不起，傻姑娘……

我只是想把联结词"**并且**"和"**或者**"解释成一系列的决策，来帮助你……

他不爱我……

他爱我……他不爱我……

……解决**迷宫**谜题

……用**逻辑演算**的方法。

他爱……

那我的谜题呢?

呃……

……那是什么谜题?

他爱我吗?

呃……嗯……

是说**谁**爱你?

你猜!

然后……

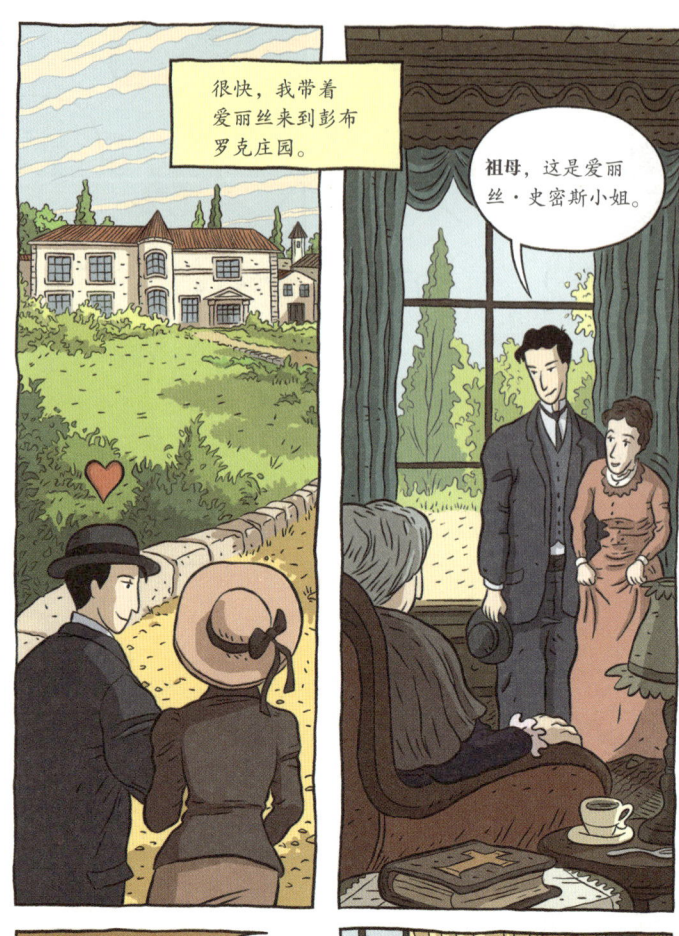

……我本想即兴上一课，结果我却变成了学生。

MMMMM…

虽然没什么准备但是，我做得相当不错！！！

很快，我带着爱丽丝来到彭布罗克庄园。

祖母，这是爱丽丝·史密斯小姐。

虽然我并非女性心理方面的专家，但是我认为她们的会面相当成功。

哦，伯迪，我感觉她很讨厌我！

别傻了，小姑娘。

她很喜欢你！

你真这么认为？

我也很喜欢你！

伯迪！

我已经说过：和爱丽丝在一起是我第一次遇到……
……人类称之为“爱”的非常不合逻辑的激情。
而作为一个新手，我只会一种做法。
和那个叫史密斯的女人“**结婚**”？**一派胡言**！她**完全**不适合你，伯迪！
但是我**爱**她，**祖母**。
“**爱**”她？说什么胡话呢？你只是**贪恋**她的美色！
嗯，**这个**也有！
听着：有人告诉我她的家族中有人患**精神病**。
正和**我们**家族一样。
所以你**更不能**和她结婚！
有家人发疯的烦恼并没有影响到我，这样的情况非常少见。
……所以，压力反倒促使我们进一步确立了关系！
哦！

尽管我的爱情生活终于取得了进展，但是我作为思想者的生涯却停滞着。

别这么闷闷不乐的，兄弟，你现在有目标了：学习**逻辑**！

过去的一年，我一直在"学逻辑"……

……但是要达到我的目标**实在**太难了！

那就再多学点！

可是**没有**那么多……

要想理解我的窘境，请记住我的终极目标从来没有改变：获得有关世界的确定的知识……

……而知识只能来自于科学。

但科学依赖于数学，而数学却是完全混乱的，充满了未经证明的假设和循环定义。要修补它，就需要强有力的逻辑……

……但却不存在这样的逻辑！所以就陷入了僵局。

现在，我逐渐意识到数学与印度神话中的宇宙很相似：它表面上的稳固，其实依赖于其承载者——爬行动物们的一时之念。数学同样建立……

……在颤颤巍巍的基础上！

"科学女王"的可怜状况由于物理学的成功而变得更加糟糕。

汤姆逊[19]和**卢瑟福**[20]的工作真是革命性的!

我们正在靠近**德谟克利特**[21]的**设想**,去发现物质的原子!

……但我们可怜的**数学**却在后面一瘸一拐地拖后腿!

更糟糕的是数学家们根本**不去面对问题**!

只有**到那时**我们才能**有序地构建数学之屋。**

与摩尔一起,我梦想着能有伟大的发现。

我们一定要让他们意识到这**可怕的混乱**!

非常抱歉地插一句嘴,小伙子们,不过你们正在胡说八道!数学**现在就是**井然有序的!

这种情况让我感到震惊:大多数数学家都令人心痛的无视数学基础的脆弱!

别沮丧,老兄!

他们是**傻子**,摩尔!

105

然而，我的失望并没有持续太久。最终，我碰到了一位清晰又严谨的学者。

要想在**数学**中获得任何类型的**确定性**，我们必须重新检查其基础假设，我们**必须从起点开始**。

命题15如果 $x \mp y$，则 $y \mp x$.
命题16如果 $z \in x, y$，则 $z \in x, z \in y, z \in x + y$.
命题17如果 $z \in x, y$，则 $\bar{x}\bar{y} \in \bar{z}, \bar{x} + \bar{y} \in \bar{z}$.
命题18如果 $z \mp x + y$，则 $z \mp x, z \mp y, z \mp xy$.
命题19如果 $z \mp x + y$，则 $\bar{x}\bar{y} \in \bar{z}, \bar{x} + \bar{y} \mp \bar{z}$.
命题20如果 $xz \in y$, and $x \in y + z$，则 $x \in y$.

听听，听听！

在阿尔弗雷德·怀特海[22]这儿，我发现了强大而又与我极其相似的灵魂。

……真是良师益友。

哦，罗素，有些人能够认清情况。但这些人都在**欧洲大陆**。

如果我们把数学中**有生命力**的部分和**新逻辑**在概念上的精进结合在一起，我们就能给出强有力的攻击。

"**新**"逻辑？在布尔之后没见到一点进展！

诚然，早在亚里士多德时代，逻辑学已经开始追求确定性……

问题是它现在有没有强大到可以处理**数学**？

德国有这样一句谚语：如果你想学点东西，去旅行吧！

正是怀特海帮助我看到陈腐的英国数学圈之外的世界。

正是在他的鼓励下，我开始了一场智识探索的大旅行……

……在这段旅程的第一部分，我与逻辑学的新星们会面了。

但在建设有序的数学之屋之前……

……我首先得打造我自己的家！

爱丽丝和我在贵格会教徒"集会"的场所结了婚，她的家人参加了婚礼。

我非常勇敢。

我忍受了"静默祈祷"……

只暴露出了一点点……

……倦怠的表情。

当一切都结束时我非常开心！

注释

[1] 屠格涅夫（I.Turgenev, 1818—1883），19世纪俄国批判现实主义作家。代表作有《罗亭》《父与子》。
[2] 亨利克·易卜生（Henrik Ibsen, 1828—1906），挪威戏剧家，现代散文剧的创始人。代表作有《玩偶之家》《人民公敌》。
[3] 雪莱（Shelley, 1792—1822），英国著名作家，浪漫主义诗人。代表作有《麦布女王》《西风颂》。
[4] 康德（Kant, 1724—1804），德国古典哲学的创始人。代表作有《纯粹理性批判》《未来形而上学导论》。
[5] 休谟（Hume, 1711—1776），苏格兰哲学家、经济学家和历史学家。代表作有《人性论》《人类理解研究》。
[6] 笛卡尔（Descartes, 1596—1650），法国著名哲学家、物理学家、数学家、神学家，欧洲近代哲学奠基人之一。代表作有《第一哲学沉思集》《谈谈方法》。
[7] 斯宾诺莎（Spinoza, 1632—1677），犹太裔荷兰籍哲学家，近代西方哲学三大理性主义者之一。代表作有《伦理学》《神学政治论》。
[8] 贝克莱（Berkeley, 1685—1753），爱尔兰哲学家，近代经验主义重要代表人物之一。代表作有《人类知识原理》《视觉新论》。
[9] 柏拉图的《会饮篇》通过一系列私人聚会中的发言，探讨共同的主题——爱，从低到高的各种等级的爱。
[10] 乔治·爱德华·摩尔（G.E.Moore, 1873—1958），英国哲学家。代表作有《伦理学原理》。
[11] 黑格尔（Hegel, 1770—1831），德国19世纪唯心论哲学代表人物之一。代表作有《精神现象学》《法哲学原理》。
[12] 莱布尼兹，见本书第324页。
[13] 乔治·布尔，见本书第317页。
[14] 苏格拉底（Socrates, 469BCE—399BCE），古希腊著名哲学家、教育家，西方哲学的奠基者。
[15] 刘易斯·卡罗尔（Lewis Carroll, 1832—1898），英国数学家、逻辑学家、童话作家。代表作《爱丽丝漫游奇境》。
[16] 特威迪，与后文中出现的特威达是《爱丽丝漫游奇境》中的一对孪生兄弟。
[17] 柴郡猫及后文中提到的毛毛虫、疯帽子都是《爱丽丝漫游奇境》中的角色。
[18] 海象出自《爱丽丝漫游奇境》中的一首诗《海象与木匠》。
[19] 汤姆逊（Thomson, 1856—1940），英国物理学家，电子的发现者。
[20] 卢瑟福（Rutherford, 1871—1937），新西兰著名物理学家，原子核物理学之父。
[21] 德谟克利特（Democritean, 约460BCE—370BCE），古希腊唯物主义哲学家，原子唯物论的创始人之一。
[22] 阿尔弗雷德·怀特海，见本书第336页。

第三章 游 历

欧洲大陆对我来说就是一个能够带来罕有的知识乐趣的大花园。

我就像穿越在魔法世界一般!

每天我都会学到新东西,让我一步步深入到魔法王国的内部……

……一个远离那些困扰着现实物质世界的错误和混乱的王国。

我需要你帮忙取一下行李,伯迪。

在剑桥,我偶然接触到一本神秘的德语教科书Begriffsschrift……

5分钟后开车!

……翻译过来就是《概念文字》,这本书是沿着莱布尼茨意义上的完全的逻辑语言给出的。

这本书的作者生活在一个德国小镇,而这个小镇因哲学家们而闻名……

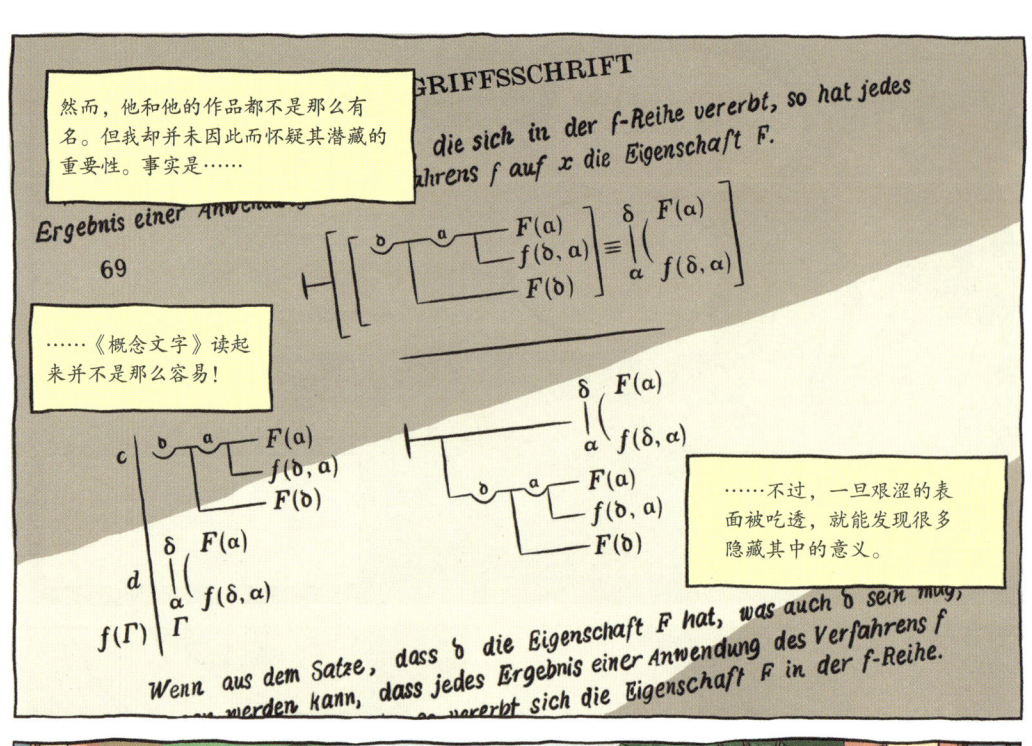

然而，他和他的作品都不是那么有名。但我却并未因此而怀疑其潜藏的重要性。事实是……

……《概念文字》读起来并不是那么容易！

……不过，一旦艰涩的表面被吃透，就能发现很多隐藏其中的意义。

打扰了，请问这是弗雷格[1]教授的房子吗？

不，这是他家的花园！

他的**房子**在那边！

我还没意识到这是逻辑学家们的怪癖……

教授在家吗？

不，他在花园里。

我就是那个**教授**。你是谁？

特别荣幸能见到你。我叫罗素。

戈特洛布·弗雷格是一位真正的巨人。

……尽管，当然，具有一种隐喻。

……其中的规律是他们总是要求表达精确。

……这是爱丽丝·罗素女士，我的太太。

唔，你去里面吧，去帮助另外一位太太沏茶去。

！

女人就是**没逻辑的生物**。

很高兴见到您，**教授先生**。

我试图向我太太解释事实。

……但她就是**不能理解**！

那么，告诉我你为什么来这儿……你怎么看我的工作？

坦率地说，我发现它非常难执行。这和**布尔**差别**非常之大**。

我的《**概念文字**》？

是的，但我的目标本来就不同！布尔想给出的是一个**计算工具**。

但**逻辑**的目标**不是**计算。

而是给现实建立模型！

能听到数学家这么说真是出乎意料！

"出乎意料"？

……一个**理性的人**正在讲述**真理**有什么可奇怪的？

113

我们一定要写本书，弗雷格夫人，名字就叫：《与逻辑学家结婚的苦难经历》！
哦，戈特洛布人还是不错的。就是有时他会考验我的神经！
张口闭口“精确性”……“严格性”。
还有点心不在焉！
?
……日常语言并不适用于科学！
戈特洛布！
玫瑰够了！
……那只适合用在厨房！
快拿进来，傻瓜！再剪我的花园就被毁了！
……因此，为了理解事实，我们必须首先建立……
……一个完全逻辑化的语言！
对……
……不过，我们现在也许该去女士们那儿了？

只有这样的语言才能处理**数学基础问题**！

这也正是我想多了解一些的原因！

在这个二分法上，你和我很像，你和我……

……**志趣相投**！

你就是个肯陶洛斯[2]，罗素先生：一半是**数学家**，一半是**哲学家**！

从亚里士多德到布尔，逻辑学家一直使用的是"苏格拉底是人"这种类型的三段论，但如果我们想符合逻辑地研究**数学本身**，我们就需要更多！

唔……更多什么呢？

弗雷格的新语言的核心思想其实非常简单。然而，这已经足够为我们开启一片新的处女地了。

我们需要引入**变元**！我们必须**能够**表达类似于"x是一个**人**"这类描述……

这三块曲奇——

啊！老婆！

?

……它为真，如果x等同于"**罗素**"，它为假，如果它是……

115

我的三块曲奇在哪里？我用来配茶的三块曲奇？
也许你已经吃了一块？
我当然没有！我从不在 5:00 之前吃曲奇，现在才 4:48！你是认为我老糊涂了吗？
没有，戈特洛布，但是——
呃……教授……
那你为什么要这么暗示？
呃，弗雷格教授……
她常常对我的严密逻辑缺乏理解，博士先生。
呃……
但是，戈特洛布，我放了三——
“第三块曲奇之谜”的解非常简单！
我……呃……吃了它！
多么的不寻常！
从来没有人吃过我的曲奇！
那是因为从来没有人来过这儿，亲爱的！

离开耶拿，我们前往下一个目的地。

哦，伯迪……

有一天你也会变成**那样**吗？

唔？

你的意思是像**弗雷格**？我肯定**希望**啊！

你真要这样？

你把他看成一个古怪的老人，但他是一个**伟人**！

但是如果他的**小怪癖**的另一面是他的天才呢？

如果他在大事情上的严密正是在**小事**上……

我可不想成为"伟人"的妻子！

……追求**精确**的延伸呢？

不管怎样，我们评判伟人的癖好之前要多想想。

"伟人"的话题……像个神话……

明天我要见一位真正神话式的英雄！就称他为"吃掉无穷知识之树的人"吧！

听起来很亵渎神灵啊！

伟大的**高斯**[3]曾经警告过数学家们："**不要直接面对无穷……**"

好吧，是的，确实有点儿……

"……永远不要直接面对"

但**格奥尔格·康托尔**[4]并没有听从！于是他发现了**无穷分等级**这一令人惊讶的事实！而且他甚至还发现了数这些数的方法……

怎么可能去**数无穷**！

下一站：哈雷！

请结账！

看……雨。

在**康托尔**之前，我们都是透过一层玻璃……

……来看无穷。

漆黑的玻璃。

嗯……想象一个拥有**有穷多个房间的旅馆**。
难道还有**其他**类型的？
问题来了：如果这家旅馆已经客满，而这时来了一位**新客人**会发生什么？注意，没有人会与人共享自己的房间！
那这位客人只能被拒之门外了！
但如果现在换成一间**无穷**旅馆：即使已经**满了**……
……仍旧**能够找到房间**！
嘿！
女士、先生，你们预订的“**天空花园**”旅馆到了。
感谢上帝它是有穷的！
当诗人恋爱时，他们会向爱人复述喜欢的诗句……

晚上好！罗素先生、罗素太太……

记着：我们想象中的旅馆已经满了！

事实上，确实客满了，不过我们已经为您做了预订。

我们就把"x"号房间的客人称为**客人** x"。

所以，很自然的……

为了给新来的客人找到一个房间……

……我们要以一种特殊的方式给所有的客人**调换**一下位置。

我们把**客人** 1 从 1 号房间搬到……

先生，我们这儿**没有**"1号房间"！

……恋爱中的数学家陈述的是他自己眼中的诗句！

2**号**房间，这样 1 号房间就空出来了！

?

……当然，**客人** 2 要搬到 3 号房，把 2 号房空出来留给**客人** 1！

但是您已经有房间了，先生！

120

以此类推，**客人** 3 换到 4 号房，空出 3 号房给客人 2……

……**客人** 4 换到 5 号房，空出——

伯迪？

我根本**不**知道你在讲什么！

这边来，我的姑娘！

重点是在**无穷**中**总会**有更多的东西出现！

明白了？在**有穷的**旅馆里这是不可能的。但在**无穷的旅馆**……

他们疯了，这些英国人！

想象一下把每个客人的房间都做一下调换，从 1 号房开始，一个一个向后挪，这样 1 号房就空出来了！

我现在来简要说说这个相当敏感的主题……

……数学。

你们都有在学校里学数学的经验。对于那些不喜欢数学的人,可能认为它十分枯燥又重复。而喜欢数学的人,也许把它看作一种游戏……

数学具有这样的特征。

但数学还有另一面……

……如果你不去思考就**意识**不到的一面……

……无穷!

一位伟人曾经说过,没有其他的思想比无穷更能激发人的心智了。也许吧,不过有一点可以肯定……

没有其他思想可以像无穷这样把人类的心智推到极限!

……而且,也没有其他概念能够如此深刻地暴露数学知识的内在虚弱!

其实，也正是由于这个原因，高斯才对正面攻克无穷发出了警告。

然而，那个早上，他的严肃警告并未进入我的脑海……

……我出发去见格奥尔格·康托尔，他是无穷世界的魔法师！

我来了，一个英国人动身去寻找德国人的智慧。

在路上，我撞见了一个让这次旅程驶向相反方向的家伙。

格奥尔格
弗里德里希
亨德尔 [5]

哈利路亚！ [6]
哈利路亚！
哈利路亚！ ♪

我情绪高昂地奔向目的地。

对了,哈雷大学最近和威腾伯格的大学合并了,这样他们可以声称同时是哈姆雷特和浮士德的母校。因此它……

……现在堪称是混乱的代言人!

请问,数学系怎么走?

请问,康托尔教授的办公室在哪里?

请问,康托尔教授?

我没有察觉到欢迎的气氛……

打扰了,我想找**康托尔教授**?

这是地址,他现在……

我想当然地认为新地址意味着康托尔离开了这所大学……

因此,当我抵达那一群黑暗的建筑……

……去赴任更高的学术位置。

……我还在猜测它们是属于某个新数学研究所的。

康托尔教授是在这边吗?

如果是这样的话,这座建筑内部破旧的程度……

对,对,所有的"教授"都在这儿。

……表明了这个新数学系的糟糕状况!

试想一位年轻的画师正要被米开朗基罗[7]接见。

一位作曲家要与贝多芬[8]会面。

当我敲响康托尔的门时,我正是这样的感受。

请问是康托尔教授吗?

是?

怀着敬畏之心,我与集合论的创始人见面了。

先生,我是罗素……一名英国数学家……

……也是您最虔诚的学生。

啊……所以,英国人也在读我的作品了?

嗯,即使在沉闷守旧的不列颠,也还是会有一些开明的灵魂!

"一些"?

呃,这只是一个开始……

不!

所有人都必须相信!

!

嗯，先生，**集合论**并非真的适合每个人。

什么？

谁在乎集合论了？

我说的是我的新成果！

最开始，我还以为我错过了某些伟大的新发现。

在揭露了**莎士比亚**[9]的剽窃之后，我现在……

!?

……完成了一本巨著。

揭示**伟大真理**的时刻来临了！

耶稣基督实际上是……

一定有哪里出了大差错！

……亚利马太的约瑟之子！

！

127

啊……呃……

疯狂一直让我很恐惧。当看到它侵占了一颗伟大的心灵，这种打击是灾难性的。

我……真的要走了……

阴谋被揭穿了！

你一定要去见**女王**！她一定……

？

……要对我被关押表示抗议！

教授，乖一点儿！

我是**被迫**被关押的！

我说的是**先知之言**！

OOOHH

"……我将燃起我的愤怒之火！"

伴随着童年起就萦绕耳际的巨大咆哮声组成的黑暗主旋律，我逃离了精神病院……

晚些时候，我和爱丽丝会合。
伯迪……
你不打算告诉我吗？
“巨人”是什么样的？
唉……
但康托尔的疯癫却始终在我的脑海里无法消失……
KNOCK
KNOCK
我头脑混乱，不想做任何解释。
！
开门！有人找你！

- 守护者请你去一趟!
- 什么"守护者"?
- 呃……呃……无穷的守护者!
- 他们现在在地下室!
- 为什么?
- 当然是要审讯你!
- 停!

叛徒！

我……我做什么了？

你乱用无穷！

咔—嚓—

但是……

但是……那不是……亨德尔，那是……那是……

高—斯—！

你毁掉了基础！

咔——嚓——

不——不——！不——！

哦……

别怕，亲爱的……

只是一个梦。

是吗？

你要做什么？

那个雕像**还在那儿**！

它当然在那儿了……

雕像又不会自己走动！

……暴风雨也是。

与格奥尔格·康托尔的相遇——虽然没有其他收获——但是已经使我意识到我正在进行的旅行危险重重……

……"精神"上的危险！

唔。

逻辑和精神错乱……奇怪的组合。

……然而却频繁地成对出现。

不过现在让我们把话题转移到更愉快的事情上吧!

那是1900年。一个充满变革的时代,一个新的开始。当然没有什么能够比我们的下一个目的地更让人乐观了……

……那就是世界博览会的所在地!

……巴黎!

这里汇集了新的、充满希望的人类社会发展前景。

抽象简约的埃菲尔铁塔是所有这一切的极佳代表。

科学和技术是实现古老梦想的新工具……

快来参观电影机!

哦,我想去那儿看看!

……完全战胜自然的古老梦想。

博览会的参观者们看到这些来自勇敢新世界的玩具，兴奋得像孩子一样……
奇迹！
伯迪，它看起来好**真实**！
……这些玩具的玩法出乎意料！
妈呀！
救……救我，伯迪！
啊啊啊啊！
上帝啊！
但我们来巴黎并不是为了看博览会。
或者，更准确一点说，我本人并非如此！
我们再去上一次“**机械楼梯**”！
天啊！
那是**米塔格－莱弗勒**[10]，最伟大的分析学家！
$\frac{\partial^n F(y)}{\partial x_i^n} = \frac{1}{k!}\sum_{i=0}^{\infty}\int F^n(x_i)dx_i$
我明白了……
把我吸引到这里来的是……
……国际大会，全世界最伟大的数学家的集会。
罗素！
哎呀……**怀特海**！
数学领域的人物都来这儿了！

这是埃尔米特[11]教授……
闵可夫斯基[12]教授……
菲利克斯·克莱因[13]教授……
太神奇了！

最后一个但同样重要的戴德金[14]教授。

……深感荣幸！

……所有我心中的英雄都来到了同一屋檐下！

太神奇了！这些人中的每一个单独拿出来都称得上一个数学传奇！

来这边吧，她应该正在殖民地展馆等着呢。

克莱因创建了一个新几何，戴德金是——

我想你们还没见过……

伊芙琳·怀特海女士，我的太太！

你好，罗素先生？

呃……我是……

啊，对……

136

……在巴黎遇到的并不都是数学家！

但是新思想实在太令人激动，以至于我并未充分意识到自己的新情感。

那里一点也不缺新思想：新的**理论**，新的**技术**，新的**方法**。甚至还有……

……大量的新领域！

不过，我的兴趣只集中在一个方向上……

……可以给数学带来坚固基础的新逻辑语言。

微分几何，3层，1室；
椭圆几何，底层，13室；
双曲几何，一层，5c室；
投影几何，一层，3室。

很明确的是，集合论将在其中担任核心角色。

宪报
国际数学家大会

……关于其价值，大会的两位伟大的明星分歧巨大！

康托尔事件

强烈谴责康托尔先生！集合论是种病毒，远离它数学才能康复！

没人能把我们从康托尔先生建造的天堂中驱逐！

庞加莱

希尔伯特

亨利·庞加莱[15]，伟大的法国天才，人类的直觉的坚定信徒。

大卫·希尔伯特[16]，同样的伟大，严格精确的逻辑证明的德国拥趸。

但"**集合**"究竟是什么？这种新的潮流，康托尔方式的……

……的数学是什么样子？

古希腊时期，数学家们关注的是个体对象，比如……

……一个形状。

……一个数。

……一个函数。

但到了19世纪中叶，一位捷克数学家开始关注一组对象，这些对象通过相同的性质聚集在一起。例如……

……"所有比7大的数""所有直角三角形""所有三角函数"。

从这些简单的日常概念出发……

……格奥尔格·康托尔构建出了壮丽又奇妙的集合论大厦！

那位捷克的集合论先驱叫伯纳德·波尔查诺[17]。

那些在这一事件中发现意义的人可能会感到好笑：因为这位种下数学亵渎神灵的巨大事件的种子的人……

……还是位罗马天主教的神父。

而且，毫无疑问的是，这枚种子的果实带来了纷争！

在大会期间，饭馆和咖啡馆被各种新思想所占领。

这样太好了！数学家终于就一个理论产生了严重的冲突！

……为我们**逻辑学家**制造了展示观点的空间！

我怀疑就餐者是否是按"**支持集合**"或"**反对集合**"就座的！

先生们，请进！

当然，集合论引起如此大的争议是由于它在保卫基础的探索中的核心地位。

……根据庞加莱的说法……

嘘，他可能会听到……他就在那儿！

教授先生们，希尔伯特的问题是他太看重德式的效率了。

哈哈哈！哈哈！

哈哈！哈哈哈！哈！

不！这只不过是因为这位**教授先生**太喜欢香肠了！

怎么说？

139

他希望能有个机器，喂进去**公理**就能自动出**定理**，就像是在一边儿放进一头猪……

……**香肠**就从另一边儿出来了！

哈哈哈，哈哈哈！

！

哈哈哈！

哈哈！

请原谅，先生们！

哈哈！"香肠就从另一边儿出来了！"

？

你们愚蠢的嘲笑的**希尔伯特教授**的思想，正代表了**数学的未来**。

哦，我认为我的朋友**希尔伯特**对隐喻有很好的领悟力。

为希尔伯特先生以及"数学的未来"干杯！

对，希望能得到神奇的香肠！

哼！

哈哈 哈 哈

哈 哈

对,狠狠地打德国佬!

太不要脸了!

这完全是无稽之谈!

各位先生,请不要这样!

天啊!

如果有人认为数学家是冷血动物,那他一定没来过国际大会的现场。

但是,现在我要来说说我们在1900年所处的新的智识氛围中的一个思想……

我在黑板上画一个点"A",再画一条不通过此点的直线……

……比如,这一条。

现在,我来问一个问题……

……这位先生!

通过点"A"能画出几条平行于这条线的直线?

一条,显然啊!

确实如此!

欧几里得应该使用了完全一样的词,正如两千多年以来所有的数学家一样!

但是现在,突然,这个词——"显然"——变得非常可疑!

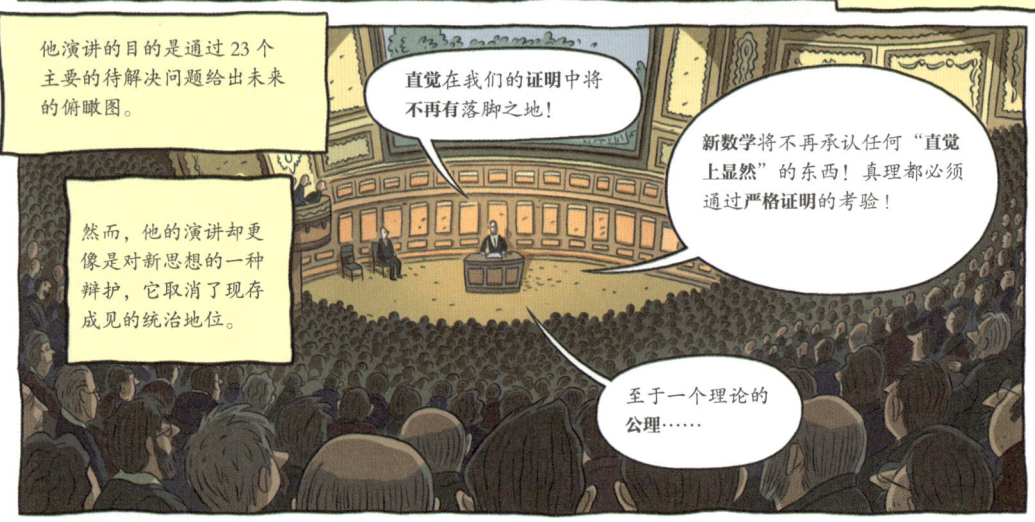

新的、非欧几何的出现，推翻了公理就是"显然真理"的概念。事实上，"显然"这个概念被取代了！

谁不想揭开面纱来看看将要显露出新的**事实和方法**的未来呢？

备受期待的希尔伯特的演讲"数学问题"充分表达了这一精神。

他演讲的目的是通过 23 个主要的待解决问题给出未来的俯瞰图。

直觉在我们的**证明**中将**不再有落脚之地**！

新数学将不再承认任何"**直觉上显然**"的东西！真理都必须通过**严格证明**的考验！

然而，他的演讲却更像是对新思想的一种辩护，它取消了现存成见的统治地位。

至于一个理论的**公理**……

……它们是逻辑进程的**起点**。但我们必须摒弃任何……

……关于"自然"真的意义的探寻。关于公理，我们能问的只是它们是否**逻辑自洽**！

对我们来说，**矛盾**和**悖论**才是魔鬼！因此，要想让**数学**仍旧保持**科学女王的地位**，我们必须从中驱逐……

……所有不纯粹、不具严格**逻辑性**的东西！

1900年提出的"希尔伯特问题"中，有一些至今仍让数学家们为之忙碌不已。但其中一个问题成了我实现梦想的目标。

数在每个数学分支中都处于核心地位，因此算术成了我们**所有真理必须最终依靠的基石**。

至于**数学证明**，我们必须将其缩减成……

……一个进程，这个要精确到可以通过……

……一台包含了进行**证明**所需的指令的**机器**来执行。

我可以**打赌**，庞加莱现在正在想香肠。

因此，要想让数学**无可置疑、坚不可摧**，我们必须首先把算术建立在一个**完全确定的**基础之上。

……终于，出现了一个重要而有价值的目标！

我们深信，所有**伟大的问题**都会**被解决**……

……基于世界可以通过**推理**被**完全地理解**这样一个法则……

……如果一个问题能够被**严格地陈述**，那么它就可以得到**合乎逻辑的解答**！

正是在这种精神的鼓舞下，我们迎来了有着**进步**、**科学**和**希望**的新世纪！我们听从内心的召唤："如果出现问题，**就去寻求解决办法**，因为我们**能够**找到！"因为在我们的科学中，不存在"我们将会不知道的"东西！

……在**数学**中，不存在"**不可知**"[18]！

正如华兹华斯[19]描述法国早期的一场革命时所说的……

"能活在那样的黎明中是何等地幸福。如果还年轻就更好了！"

带着将要坚定追随的航向，我穿越了海峡。事实上，我转了一整圈，又回到了我第一次求知受挫的原点。

最终，我不得不直面对于欧几里得"显然"公理的觉醒。

哦……它还不那么值得一提……暂时！

说来听听……

能分享一下你在想什么吗？……

呃……好吧，让我想想……弗雷格和意大利的皮亚诺[20]……

船上有黑板吗？

哈哈。

嘿！

……创建了一个关于数的理论……呃……让我想想怎么表示……

……我的笔记！

幸运的是，数学家的珍宝保存在头脑里：它们不会被弄丢。因此，一旦我拥有，我就可以勇敢向前……

去踏入未知的领域……

……算术晦暗的基底部分。

注释

[1] 戈特洛布·弗雷格，见本书第 321 页。
[2] 肯陶洛斯（Centaur），古希腊神话中的半人半马怪。
[3] 高斯（Gauss, 1777—1855），德国数学家、物理学家、天文学家等，是近代数学的奠基人，享有"数学之子"之称。
[4] 格奥尔格·康托尔，见本书第 318 页。
[5] 亨德尔（Händel, 1685—1759），英籍德国作曲家。代表作有《弥赛亚》《阿尔米拉》。
[6] 哈里路亚是希伯来语，中文意思是赞美耶和华（英语"Praise the Lord"）。《哈利路亚大合唱》选自亨德尔的神剧《弥赛亚》，其歌词全部节选自《圣经》。
[7] 米开朗基罗（Michelangelo, 1475—1564），意大利文艺复兴时期伟大的画家、雕塑家。代表作有《大卫》《创世纪》。
[8] 贝多芬（Beethoven, 1770—1827），德国杰出的音乐家，维也纳古典乐派代表人物之一。代表作有《田园》《月光》《命运》。
[9] 莎士比亚（Shakespeare, 1564—1616），英国文学史上最杰出的戏剧家，文艺复兴时期最重要的作家。代表作有《罗密欧与茱莉叶》《哈姆雷特》。
[10] 米塔格-莱弗勒（Mittag-leffler, 1846-1927），瑞典数学家，在数学上的主要贡献是复分析。
[11] 埃尔米特（Hermite, 1822—1901），法国数学家，法兰西科学院院士。首次得出五次方程的解。
[12] 闵可夫斯基（Minkowski, 1864—1909），著名俄裔德国数学家，主要领域在数论、代数和数学物理方面。
[13] 菲利克斯·克莱因（Felix Klein, 1849—1925），德国数学家，主要成就在非欧几何、群论和函数论方面。
[14] 戴德金（Dedekind, 1831—1916），德国数学家，高斯最后一位学生。
[15] 亨利·庞加莱，见本书第 327 页。
[16] 大卫·希尔伯特，见本书第 322 页。
[17] 伯纳德·波尔查诺（Bernhard Bolzano, 1781—1848），捷克哲学家，数学家。
[18] "不可知"的原文为拉丁语"IGNORABIMUS"，英语翻译为"we shall not know"。
[19] 华兹华斯（Wordsworth, 1770—1850），英国浪漫主义诗人，桂冠诗人。代表作有《抒情歌谣集》《水仙花》。
[20] 皮亚诺，见本书第 326 页。

第四章　悖　论

从巴黎回来后，我带着火一般的热情开始着手写一本要解决所有基础问题的书！尽管这是个过于乐观的误判，其实只是解决部分问题！

这本书就是《**数学原则**》[1]，我向成为新欧几里得的梦想迈出的第一步！

我在弗雷格《**算术基础**》[2] 第一卷的基础上构建了这本书。

我用的是皮亚诺发明的优雅的记号。

我确定我的思路正确。

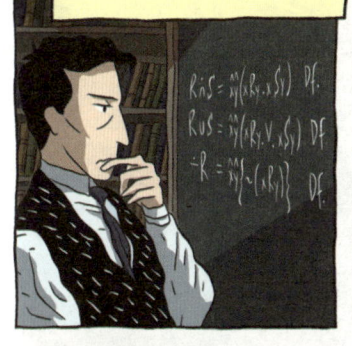

伯迪？

要想达成目标只需刻苦工作。

你需要什么吗？

我希望不再被打扰。

晚安。

获得逻辑的珍宝是有代价的。

151

随着我越来越专心于工作……

……我的世界缩小到只有研究《数学原则》这件事。

看报啦！

布尔人的军队撤退

我离人们关注的事情越来越远，不管是小事还是大事。

布尔人被镇压！快来看报！

我甚至没有注意到这场战争。

人世间的俗务与我无关。

教授在学校里，先生。

我晚一点再打电话过来。

尽管我发现有一些人类事务比另一些更有趣！

！

伯迪！
希望没有打扰到你……
完全没有！爱丽丝最近怎么样？
非常好，我这么觉得……
来这儿坐吧！阿尔弗雷德知道你要来吗？
嗯，是的……
但是……
如果他忘了，我一点也不觉得奇怪……
没关系……
他像活在**另外一个世界里**，有时……
而且他对你来说**太老**了，亲爱的！
几天不说话，然后因为一些琐事对我**大发雷霆**……
哦，天啊！

他告诉我这是**逻辑学**工作导致的。

但我不确定……

你也是这样吗?

我肯定不会对**你**发火,不管是什么事!

永远都不会……

我的生活实在太奇怪了,伯迪!

不过,仍旧……

……有着一些**美好的**时刻，不是吗？

……正是从那时起，我和怀特海家走得更近了。

嘎——虫！

?

嘎——虫！

你说什么，小伙子？

哈，是的，甲——虫！

夹——虫。

那天之后，我就叫小埃里克·怀特海"甲虫"。

我非常喜欢他。

> 不管怎样……
>
> ……我来这儿讲的是与我相关的逻辑事务。因此，我们还是回到这条线上——生活就留给我自己。

> 在研究中，我多次使用了波尔查诺神父简单朴素的思想……

> 你是说，集合？我以为你感兴趣的是**数**！

> 我是对**数**感兴趣！但集合是数的基础。
>
> 哦？

> "3"是什么？不过就是所有**包含三个元素的集合**所组成的集合。
>
> "3个"是三把雨伞、三匹马等的共同**性质**。

> 三顶帽子……
>
> 三块曲奇。

> 集合有**特别有趣**的性质！
>
> 真的？我还以为它们很枯燥呢！

比如，一个集合可以包含其他的**集合**……甚至它本身！

它如何包含自身？

所有思想的集合也是一个思想……

……因此，它包含自己为一个元素。

但并非所有的集合都包含自身吧？

对！所有鸟的集合就不是一只鸟！

哎呀……这里有一个有趣的二分法：包含自身的集合的集合……

……和不包含自身的集合的集合。

关于这一点，我们可以问一问……

它是否包含——

⁉

等一等！

迄今为止，我已经写了几十本书和上百篇文章……做了上千场演讲。

……恐怕就是因为那一年我发现的那个令人生厌的悖论了。

但我怀疑我的名字如果真能被人记住……

一个给逻辑学带来翻转的悖论……

我来让大家感受一下。

喔——喔——喔

想象一个小镇中有一条关于刮胡子的严格法令。

根据这条法令，镇上的每个成年男子都必须每天刮胡子。

但并没有说必须自己**刮胡子**……

……那些不想刮胡子的人，可以去找理发师。

事实上，这条法令规定："那些不给自己刮胡子的人就由理发师来刮胡子。"

"那些不给自己刮胡子的人就由理发师来刮胡子。"这句话听起来是无害的……然而,如果仔细分析一下,这句话会直接导致悖论。

大家想想,问题出在这儿:

"谁来为理发师**刮胡子**?"

他显然不能选择给自己刮胡子,因为……

……他是理发师,只能给……

……不自己刮胡子的人刮胡子。

但是他又不能"去找理发师",因为,这样的话他就给自己刮了胡子,理发师就不能为他刮胡子!

你明白这个问题了吗?

我不太确定!

这非常像说谎者悖论!

哪个"说谎者"?

就是著名的**欧布里德宣告**[3]！

他说……

谁？

"我的同胞们……我正在对你们说谎！"

考虑一下：如果他正在说谎，那么他实际上说的是真话！而如果他说的是真话……

他就正在说谎。

当某些事**自我指涉**时，悖论也就尾随其后了。想想那些自指的书，比如……

"指导"书？

不是，不是！是那些包含了自我指涉的书[4]，比如斯特恩[5]的《项狄传》[6]，卡尔维诺[7]的《寒冬夜行人》[8]

……或者库尔特·冯内古特[9]的《冠军的早餐》[10]。

假设你现在要编一本包含所有**没有自指**的书的目录册！
这可是个大部头，这本……
肯定的！但问题在于……
这本书里要不要包含自己？
?
明白了！
如果**包含**了，那它就**不**应该包含！而如果它**不包含**，它就应该**包含**！
……这学生可以得 A+！
所以呢？这和**罗素悖论**有什么关系？
和这些例子一样，罗素悖论的内核就是**自指**！

"所有不包含自身的集合所组成的集合是否包含自身？"回答是……

……"如果它包含自身，它就**不包含**。而如果它不包含自身，它就**包含**！"

这就是"罗素悖论"！

这听起来就像是闲谈时的俏皮话。但它却推翻了把有共同性质的东西聚在一起来界定的"集合"的概念……

……以及包含了这一集合概念的逻辑！

这一悖论的发表让我在一夜之间成了国际数学界的明星。

一些人开心地表示欢迎……

……像庞加莱，他在这个悖论中看到了对建立数学的纯粹的逻辑学基础的尝试的强有力的反驳。

他为自己反复强调的信条——逻辑是虚空的——找到了完美的辩护……

事实上，也不是虚空的：而是它产出了矛盾！

哈哈！这个罗素一石二鸟，**逻辑和集合论**都被摧毁了！

令人非常惊讶的是，康托尔的反应居然也相当地正面。

"……因此，如果我们接受性质 's 属于 s'"，并把它的否定定义称不包含……

"……的集合的集合……"

愿荣耀归于上帝！

> 我终于**自由**了！你不明白吗？这个英国人证明了"**所有集合的集合**"是**不可能**的！

> 我心中的**恶魔**，要剥夺上帝**绝对权威**的篡位者再也不存在了！

> 如果给予适量的非理性，一个人甚至可以从逻辑中读出宗教。

> 我被拯救了……

> 但是"支持集合"的阵营中则充满困惑和惊恐。逻辑学家们震惊了。

> 都灵的朱塞佩·皮亚诺……

> 不可能！

> 不可能！

> 不可能！

> 哥廷根的大卫·希尔伯特……

> 对，对，一定会！

> 一定能找到什么办法，**教授先生**……

> 可恶，狂妄的英国小子！

> 当然还有……

……耶拿的戈特洛布·弗雷格。

他在一个特殊的日子看到了我的悖论,这一天他的《算数基础》卷2……

……已经准备印刷出版。

他瞬间就意识到了我的发现的重要性。

弗雷格也是以波尔查诺关于集合的朴素思想为基础构建起整个大厦的。

而现在,他发现这地基是腐烂的——大厦轰然倒塌了。

把集合引入逻辑,意味着给身体注射了一剂引起腐烂的致命毒药。因此,"算术的基础"……并没有建立起来。

晚饭前回来,戈特洛布!

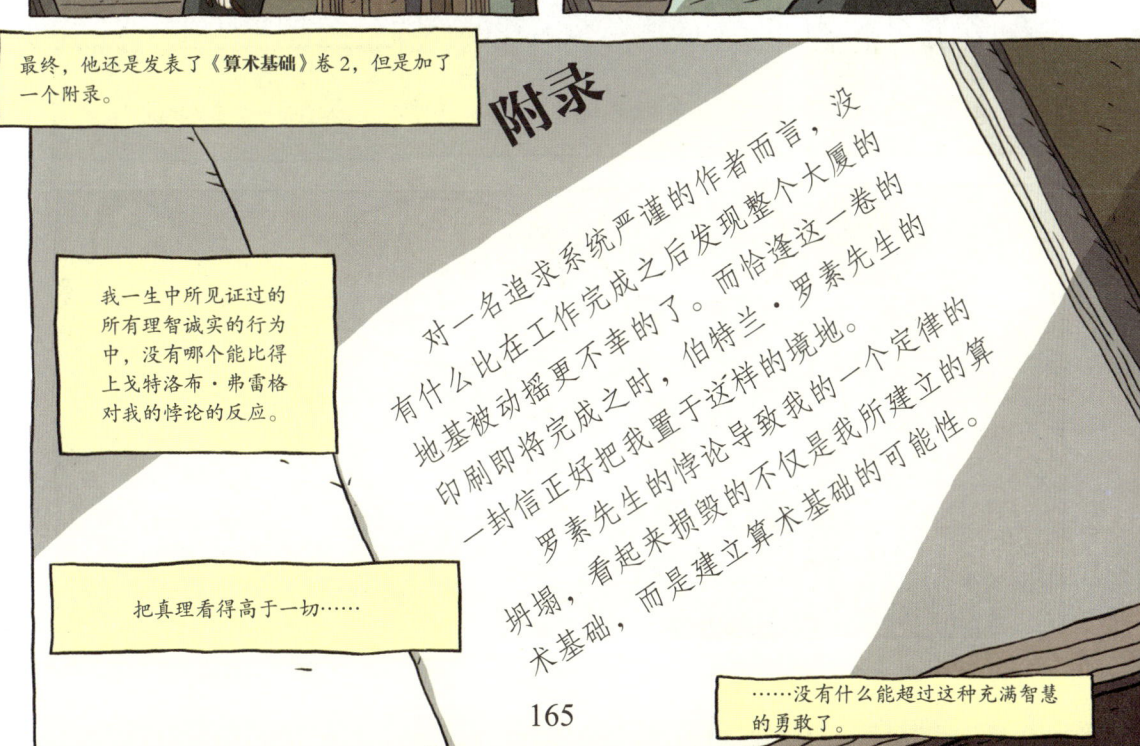

什……什么……销毁印版？

立刻！

你不明白吗？它错了！

这是个耻辱！是个荒唐的骗局！

阿尔特施塔特印刷厂

教授先生，我们为这本书一直辛苦忙碌了这么多年！即使你不怜惜自己的工作，也请至少为**我们考虑考虑**！

阿尔特施塔特印刷厂

先生，我恳求你，不能这样做！

最终，他还是发表了《算术基础》卷2，但是加了一个附录。

附录

对一名追求系统严谨的作者而言，没有什么比在工作完成之后发现整个大厦的地基被动摇更不幸的了。而恰逢这一卷的印刷即将完成之时，伯特兰·罗素先生的一封信正好把我置于这样的境地。罗素先生的悖论导致我的一个定律的坍塌，看起来损毁的不仅是我所建立的算术基础，而是建立算术基础的可能性。

我一生中所见证过的所有理智诚实的行为中，没有哪个能比得上戈特布·弗雷格对我的悖论的反应。

把真理看得高于一切……

……没有什么能超过这种充满智慧的勇敢了。

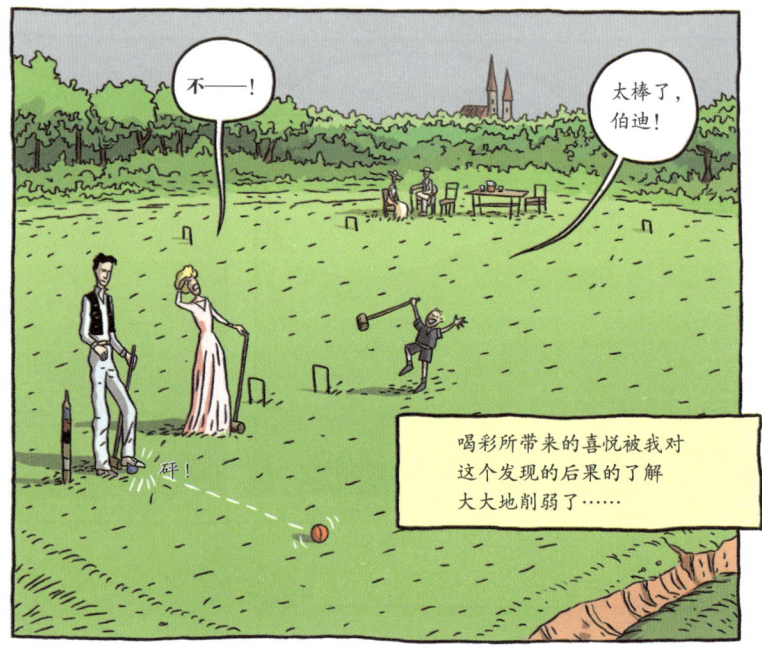

最后，你们可能会问：对于这个悖论，我自己的反应是什么？

唔……

我感觉自己有点像一名笃信天主教的记者……

……揭露了一个不良教皇的所作所为。

真幸运，伯迪！

不——！

太棒了，伯迪！

砰！

喝彩所带来的喜悦被我对这个发现的后果的了解大大地削弱了……

爱丽丝，你的丈夫把我打惨了！

别抱怨了……要是和他对**逻辑**所做的事情比，这根本**不算什么**！

哦，天啊。

……一种不容被忘记的后果！

爱丽丝，跟我来，我给你看看我的新品种玫瑰。
说实话，罗素，你的悖论真是毁灭性的！
我正打算写《泛代数》（Universal Algebra）第二卷……接着就读到了你的书！
“快乐自信的清晨不复存在”[11]。
呃，如果这能让你舒服一点的话……
……我也放弃了写我的《数学原则》的第二卷！
对于我们这些从事基础研究工作的人，这相当于又回到了起点！
你所揭露的问题太深入了。它摧毁了……
……我们最好的工具！除非，当然了……

……你有什么更好的办法为大家**还原回去**！

嗯……

……我不知道该怎么"还原"。但是这个悖论**也许**可以绕过去。

哦?

以"谁给理发师刮胡子"的问题为例。

现在想象理发师所在的那个村庄存在于……

……一个有**种姓制度**的社会里。

我们不妨把这些种姓称作1、2、3、4,其中种姓4比3的阶级高,3比2高,2比1高。

现在,假设当地的神祇制定了如下法令……

一个人只能由比他等级低的人来刮胡子。

因此,"4"可以由"3"、"2"、"1"来刮胡子……

"3"可以由"2"和"1"来刮胡子,以此类推……

你明白了？禁止同一种姓之间**互相刮胡子**的同时也就排除了给自己刮胡子的可能。

在"**集合语言**"中，这意味着一种**类型**的集合只能包含**比它低等级**的集合！不再有自我包含……

……**不再有悖论**！

唔。

有意思！但是我担心：在抛弃了**悖论**的同时……

……有多少集合论的内容也被你同时**抛弃**了？

而且，在你的这个可爱的村庄里……

……"**1**"们都会长着长长的胡子！

但这恰恰是思路：一些集合**不能**包含其他集合。

嗯……好吧……你的"**类型**"值得探索。而且不管怎么说……

……这是我们眼下能得到的**全部**了！

我不知道……

……每个清晨，我醒来时还是个乐观主义者，但是经历一天的工作后，我就会很绝望。

这个超级**大**问题令我很沮丧。

罗素？

> 我们一起合作怎么样?

> !

> 你的意思是……一起来写你的《泛代数》第 2 卷?

> 不!合写一本全新的书!

要从零开始重建逻辑可不是一个轻轻松松就可以上手的计划……

……然而,怀特海和我只花了几分钟就做出了决定!

午餐时,我们为我们未来的智慧结晶举杯庆祝。

> 为《数学原理》[12] 干杯!

> 嗨……嗨……万岁!

我们从起草这本书的大纲出发……

……从完善我的新"类型理论"的计划开始……

我们希望这一逻辑的新庙宇能够在两年内建成。

然而,1903 年过去了……

1904 年过去了……

1905年的春天来了又远去，我们的工作完成日仍然遥遥无期……

嗨，怀特海……**开门**！

亲爱的朋友……你还好吧？

不能再好了……

A：……在花了一整夜时间**彻底重写**第三章之后！

！

类型论不行了！

但是我们的整个论证就建立在类型基础之上！

那又如何？如果**前提不牢固**，其余所有部分也一样！

……所以，我们**放弃**吧！

哦，罗素……

我们以"简单"类型为基础奋战了**两年**……

……仅仅因为"**分歧**"就放弃。

它们最初是给了我们一些希望，但是……

伯迪……真是一个惊喜！

171

算不上“惊喜”，亲爱的！这已经是他这个月第N次在早饭之前到访了……
N绝对大于3！
嗨，伯迪！
哈喽，“甲虫”！
让我猜猜……你现在也想放弃“分歧类型”？
你的第一直觉是正确的：“类型”是人为的——不够普遍！
吐烟圈，伯迪！
这当然是个问题！
你要知道，“原理”《数学原理》是写给埃里克的！
?
其论证应该简单到孩子也可以理解！
简单到像……
1+1=2！

即使我之前不知道那个被称作"奥卡姆剃刀"[13]的原则，我也认为一个理论越简单，才越有价值。

《数学原理》不能偏离这一原则。然而，如果你随机挑选这本书的书页看上几行，就会知道，我们所理解的简单还是有点奇怪的。

怀特海和我花了一个夏天重新检查我们的前提。

……因此，如果我们用谓词"P"来表示……

秋天来临的时候，我们又一次改变了方向。

因此可以归约为……

我们的新举措和欧几里得一样古老：一个新的公理集！

又一次，我们从底部重建。

为了能有更多的工作时间，我太太和我一起搬到怀特海家同住。

我们发现这种改变很喜人——好吧，至少我们中的一半这么认为！

然而，住在同一屋檐下并不是解决难题的对症良药……

在书桌上花费的不计其数的时间换来了一个更强的语言。

但是这项计划的核心问题仍旧摆在那儿！

不能再继续了,罗素！

我们的探索越深入……

……我就越发怀疑其前提。

这不是**显然**的吗？没有**稳固的基础**,我们就**无法**构建出我们的系统。

我知道,但我还是忍不住要**提问**——

"提问"？

我们的工作不是**提问**,先生……

……是**回答**！

哦,天啊……

我们**开始**工作时,埃里克只会数到3……现在他都会三位数乘法了！

风暴不会停止！

所有工作基础的检查和再检查都到此为止！
前几天我做了一个噩梦……我在地狱里走不出去了……
正是如此！数学的地狱！
迄今为止，对你的每次突发奇想我都说：“好”！
咔——嚓——
我已经“四次”同意你“从头开始”
……现在你又怀疑我们的基本公理！
轰——
出什么事了？
很简单，罗素疯了！
伯迪！
吹吧，风，撕裂你的脸颊！愤怒吧！吹过来吧！
呜— 呜—
不得不在时不时就爆发的自我怀疑中进行改进，这压力实在太大了……

摧毁这一切吧！该死！弗雷格是对的，只有“我们这种半人半马”才适合完成这项任务！我永远都不应该信任一个纯粹的数学家！
我说，这可是个大变化！你过去可是对怀特海的名字极其信赖的！
这可不是随便一本书，他不明白吗？
不可忍受的老家伙！
阿尔弗雷德“老”？
对我来说他老了！
我根本就不应该同意和这个老家伙一起工作！
伯迪……
他的脑子都不中用了！
你确定你的问题真的出在……阿尔弗雷德？
那还有谁？
哦，你还不明白吧？是那个女人！她对你做了这一切！
！
呜……就是她……那个伊芙琳！

那个女人**迷惑**了你！她表面像个圣人……内心却住着魔鬼！	完完全全的蠢货！
哦，真的？然后这就让你成了一个……	哦——
我厌烦透了你！ / 请不要这样……我需要你！	你需要的是医生！ / 你这个禽兽！恶魔！ / ?
好吧……我不以当时自己的社会行为为荣。但《**数学原理**》的确摧残着我的神经。	比这些困难更伤脑筋的是巨大的野心。你们知道，我在内心深处认为这项工作应该……由巨人来完成！	但是，唉，命运把它安排给了两个普通人：阿尔弗雷德·怀特海和……

……伯迪·罗素！

实际上，我们处在与巨人相对的另一个极端：我们成了侏儒！这是实际情况。因为，通常，探讨哲学的正确方法就是……

……人为地让自己变笨！

只有变"笨"，你才能冲破"看起来是显然的"这道屏障。我们的情况正是如此……

随着时间的推移以及我们的坚持，"愚蠢"收到了回报。

你能给我讲讲几何吗？伯迪？

嘘，亲爱的，伯迪正在工作！

我们终于有了令人震惊的发现。

……终于！

怀特海，这次我**做到了**！

我终于**解决**了这个该死的问题！

真的？

是的，它被证明了……

1+1=2！

？

为了完成这个伟大的任务,我们花了整整……362页!想象一下:用362页证明了一个所有孩子都知道的结论。

我不明白,伯迪。

为什么要用362页?

我们玩一会儿吧,"甲虫"老弟!

哇呜!没打到!

我要向国家槌球协会推荐你!

但是为什么要用**这么**多页……

……来证明 1+1=2?

嗯……我该怎么说呢?

这是为**真正的确定**所付出的代价。

看!

这就是我们,你**父亲**和我。我们做的正是**蚂蚁的工作**……

不是魅力四射,却至关重要!

在我们一起工作的最后阶段,我的太太大多数时间都待在疗养院里。

有爱丽丝的消息吗?

没有,这个星期没有……

我经常回想起与怀特海一家共度的……

安稳幸福的时光。

我们花了十年的时间来完成这个宏伟建筑的最初三卷。

正在展出

尽管，那时我并不知道，"最初"其实就是"**最终**"。

我已经完全垮掉了。

来吧……

我累了，伙计。

事实上，我甚至不知道，从那时起，我们所有的一切已经完结了。

我想让你看样东西。

正在展出
拉斐尔前派及其影响

怀特海为他的论证找到了一个完美的象征物。

他带我穿过了一个有回声的空旷展厅。

在那儿……

达那伊得斯?

被上帝惩罚,永无休止地倒水,试图装满一个**漏水的罐子**!

> 我认为时机到了……

> ……出版的时机！

> "出版"？

> 你在说什么？我们连一半还没完成呢！

> 我们还有很长很长的路要走！

> 和她们的一样长，你认为呢？

> 但是……但是你承诺过……

> ……你说，到了某一点，我们要重新检查基础！

> 我们检查了，一次又一次！

> 如果《数学原理》是**纯粹的哲学**，我们可以**无止境地**改进其前提！但这是**逻辑**！

> 而**逻辑必须开始于**某个地方。

> ……某个时间。

> 我**恨**逻辑！

亲爱的朋友们，我很清楚，尽管也许是苏格拉底早已认定了的……

……非专业人士的感受通常和哲学家所担忧的相距甚远。

因此，我想问一问：

你们真的明白我那时的状态吗？我那时的绝望在你们看来有意义吗？……您怎么看，女士？

嗯，我承认我不太明白，罗素教授！

好的……我们回顾一下这个历程的不同阶段："1"是我们开始这项工作的需求……

1. 数学必须以逻辑为基础！
2. 弗雷格构造了正确的逻辑（基于集合）
3. 我发现了悖论即"逻辑不完美"
4. 怀特海和我必须对《数学原理》进行修补

"2"使探索成为可能……"3"标志着我的登场，那个主要的危机……

……而"4"是为了克服它而做的抗争！

因此，怀特海和我在构建可以支持数学、没有悖论的逻辑的过程中，真正在做的是……

……修补我在弗雷格的思想中发现的漏洞！

在很多方面来看，我们都成功地完成了任务，除了一件事：不管我们的探索有多深入，我们那相当牢固的系统却是建在沙子上的。甚至更糟……

我已经说过数学的基础就像是神话中乌龟驮着宇宙。然而，当我们试图构建这些四足动物可以立足其上的稳固基础时，我们所做的一切其实是……

……建了一个"乌龟"叠成的塔，如此一直往下！

对于我——一名哲学家而言，"没有基础的基础系统"这种反讽是难以忍受的……

……实在难以忍受！

然而，尽管最初我对出版表示沉默，最终还是同意了：也许一本书能够帮助找到我们努力方向上的志同道合者。

当然，我当时也正为严重的智力幽闭症所困扰……

……出版是让我们走出牢笼的一种方式！

"我为你哭泣，海象说……"

别成为扫兴的人，伯迪。这是**令人兴奋**的时刻！

我和怀特海一起向出版社走去。

《**数学原理**》将带我们步入天堂……

……但是如果没有**牢固**的基底，它不过是对地狱的一个合格的描述而已。

呸，罗素！你不过是想临阵退缩。

没法反悔了！

我并没有进去。

哦，这是一份**非常独特**的手稿！
相当特别。我现在来告诉你……
在我等怀特海的时候，突然，一股强烈的失落感向我袭来。
有些东西消逝了……
但那是什么？

突然，我意识到我走错了方向。

伊芙琳——！

究竟怎么了？

我……我……明白了……呼哧呼哧……

那……那不是……不是因为书！

你在说什么？

那时，我的沟通技巧还没有达到现在的水平。

你太混乱了！

……我知道了……我现在知道为什么了……

……全都错了！

你想说什么？

好吧……

这是……

这是……

这与……

……爱丽丝？

……这与爱丽丝有关。

是的，我们的婚姻……就是场……

……是场闹剧！

……而且，我……

我……

……彻头彻尾地爱上了……爱上了，呃……

……你！

我知道！

我知道你也爱我！

所以，说出来……

哦，
伯迪……
说出来吧！
我会永远记住你说的话……
伊芙琳
……
……说出来吧。
求你了！
我最亲爱的伯迪……
我……
我……
亲爱的，说出来！
哦，我的天啊！
就在那一瞬间，我意识到我的人生将会迎来一个急转弯。

机不可失，失不再来。

然而……

唔……亲爱的，告诉我们，和出版社谈得怎么样？

他……他们喜欢这本书吗？

结果是……

……转向了一个完全没有预料到的方向！

事实上，出版社的回答是一个客气的"不"。

什么？

他们只有在……我们自己掏钱的情况下才会出版！

他们对《数学原理》没有信心。

我们的巨著将获得巨大的成功？这一酝酿了十年的美梦竟然如此收场。

他们找不到一位读者来评估这份手稿，因此他们认为："如果在出版社**付费**的情况下都没有人愿意读这本《数学原理》……"

"……那么，显而易见，也没有人会愿意付钱买这本书。"

出版社的想法相当合理。

但是，出于对《数学原理》应该进入思想界的笃信，我们决定接受自费出版我们的作品这种耻辱。

别弄到泥巴，库尔特！

在它出版三十年以来，就我所知的范围内，我只确定有一个人从头到尾地读了这本有两千多页、令人望而生畏并且堆满了符号的书。

而那个悲伤的日子里的最后一件事，是与此平行的感情上的意外败北。

但是在1910年，他还只是个孩子。

作为事后诸葛，我得说，我的自我分析是错误的：我的问题还是出在那本书上！

注释

[1]《数学原则》(*The Principles of Mathematics*)。
[2]《算术基础》(*Foundations of Arithmetic*)。
[3] 欧布里德(Euboulides),古希腊哲学家,麦加拉学派主要代表之一。以善辩著称,说谎者悖论是他提出的多个著名悖论之一。
[4] 当然,《疯狂的罗素》也是自指的。
[5] 苏伦斯·斯特恩(Laurence Sterne, 1713—1768),英国作家。
[6]《项狄传》(*Tristram Shandy*)。全名为《绅士特里斯舛·项狄的生平与见解》,是18世纪英国文学大师劳伦斯·斯特恩的代表作之一。
[7] 依塔尔·卡尔维诺(Italo Calvino, 1923—1985),意大利作家。
[8]《寒冬夜行人》是意大利作家伊塔洛·卡尔维诺创作于1979年的作品。小说以《寒冬夜行人》一书的出版发行为开头进行讲述。
[9] 库尔特·冯内古特(Kurt Vonnegut, 1922—2007),美国作家,黑色幽默的代表人物。
[10]《冠军的早餐》(*Breakfast of Champions*)。
[11] 出自英国诗人罗布特·布朗宁的诗作。
[12]《数学原理》(*Principia Mathematica*),见本书第328页。
[13] 奥卡姆剃刀(Occam's Razor),是由14世纪逻辑学家奥卡姆的威廉提出的理论,也被称为"简单有效原理",即"如无必要,勿增实体"。

幕间休息

……我们现在就做到这儿!

嗯。你们的最后一句话"问题还是出在那本书上"想表达的是?

就是字面的意思!

我认为**罗素**迷恋伊芙琳实际上就是为自己沮丧的情绪所找的一个出口,那些他写《**数学原理**》过程中时不时失去**终极目标**所产生的沮丧情绪。

他们研究得越深入,受挫感就越强!

我得赶紧走了……大家再见!

我喜欢这张!"**小库尔特·哥德尔**"[1]真的长这样?

几乎一模一样!

195

所以，你认为这里有没有**数学**错误？
这里没多少“**数学**”，对吗？
“**数学**和**漫画**就像**油**和**水**……”
……永远不要**混在一起**！
不过，我确实觉得对逻辑的解释可以再多一点，这样的话……
……你们在后面就可以加入一点与**计算机**相关的内容了！
赫里斯托斯希望我们出的漫画书是“**理论计算机科学傻瓜书**”！
“**计算机**”？
这可**完全不公正**！
好吧，显然我们的目标有分歧！
好吧，假设我接受你在《探寻》中的观点。但是**结尾**是什么？
6 月见，**赫里斯托斯**！
什么“**结尾**”？

"嗯，如果这本《基础探索》是——正如你所暗示的——某种类型的"精神悲剧"，那么它应该有一个寓意！"

"亚里士多德说过，悲剧情节是"自我完备的"……"

"……也就是说，要想知道寓意，需要一个结局。"

"但我们的故事还没完成呢！"

"好吧，那故事要往哪儿发展？"

"不是只有最终的结果才重要……重要的是路径！"

"我的意思是英雄们所经历的每一个转折、每一个停顿、每一个死胡同……"

"在某种意义上，《基础探索》就是一部未完成的《奥德赛》[2]！"

"啊，对！逻辑确定性就相当于里面的伊萨卡！"

而且，我必须说，"**逻辑来自疯狂**"这个主题着实让我感觉不太舒服，它在故事里总是时不时就冒出来。当然，我也承认它是个有趣的点，而且**也**不失为一个看问题的视角。

作为作者，你认为疯狂是由**性格**还是由**行为**激发的？

我觉得两都有一点

可我认为这是**中心论题**！

听我说：暂时忘掉他们是试图构建**数学基础**的历史人物……

为什么要是它？

把这部《**探寻**》当成一本故事小说……

我认为100%是**性格**！不仅**行为**，还有**思想**都是源于它：只有像**他们那样**的人才能有那样的思想。

你的意思是，如果他们不是**神经质**，或许他们就不能拥有建立**逻辑**所必需的**激情和固执的坚持**？

……或者说他们那些**思想本身**就是由**神经质**所驱动的？

还记得伯迪对埃里克解释"用362页证明1+1=2"吗？

记得！他说了类似**"为绝对地确定而付出的代价！"** 这样的话。

我想我的重点是，**没有那么拧巴的性格的人是不会认为值得付出这样的代价的！**

嗯，有点意思。不过让我再多想想。如果你**过多地强调**……	……"**疯狂**"的一面会怎么样？毕竟，**精神病有很多**，但是只有一位——
	安娜！怎么了？
	这鬼东西坏了！我要赶不上**彩排**了！

我给朋友做了几个面具，他们正在排练**埃斯库罗斯**的《**奥瑞斯提亚**》[3]！	瞧你这一天：从**现代逻辑**到**古代悲剧**！	事实上是从一个悲剧到另一个！
		我能和你一起去看看吗？我很喜欢看彩排……
		当然……

暑假见，赫里斯托斯！	嗯，负责调研工作是不是意味着你受过**数学**训练？	尽管随着对这些**人物性格**的熟悉，我也希望对他们的数学能有点了解！
	好的！	
	天啊，不！我做的是**图像**资料调研。	啊哈……我发现"**逻辑来自疯狂**"理论的影响了！

你不相信这个说法？

嗯，显然，这群人里有一些是**控制狂**——或者说有**强迫症**！

但如果这叫疯狂，那么其症状本身却是**理智**：让复杂的事情变简单！

真正的简单！

的确，"简单"……就像"用362页证明1+1=2"！

好吧，这也是为什么我会喜欢**算法**多过**逻辑**的原因。

抱歉，我们还没讲到**算法**！

哦，我很怀疑你们会不会讲，在一本讲述"**精神悲剧**"的书里！

201

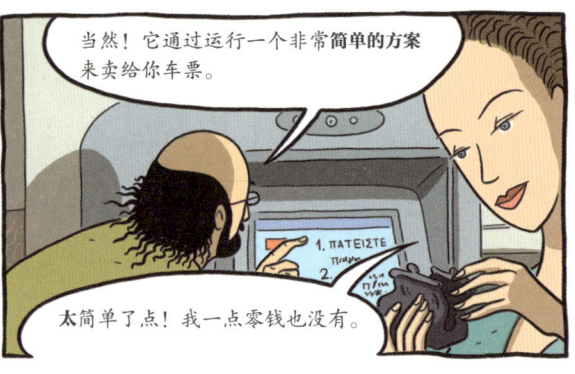

你知道吗，除了创建**抽象理论**，我们也构建解决问题的**方法**！

你有地铁票吗？

没有。

那就使用这台**机器**……这机器背后有一个**互动算法**！

这样啊？

当然！它通过运行一个非常**简单**的方案来卖给你车票。

太简单了点！我一点零钱也没有。

目前，**算法**偏好依托于清晰明确类型的环境……

比如……一张地图！

举个例子，假如你想用一个算法找出从"X站"到"Y站"的路……

"X"、"Y"是什么？

……算法这样运行……"第一步，定位X，你的出发地。"

"第二步，定位Y……"

"……你的**目的地**"。

先生，你还买不买票了？

……第三步是："检查是否有一条从 X 到 Y 的**路线**。如果有，读取该路线上 X-Y 方向上**最后**一站的名字并进入**第四步**"，即"输出有此标识的列车并退出——"

这里，给我车票！

仔细想想，《**基础探索**》中的**英雄**们正是这样！

是什么？

地图制造者！

他们把杂乱的**现实**缩简成清晰的**地图**，即更简单的东西，这样就能更自然地应用**逻辑**了！

"越简单越好"，是这个意思吗？

对，K.I.S.S. 原则

什么"KISS"？

保持简单直白！[4]

哈哈！

你好，我的朋友，

我今早到了伯克利……

但我脑中一直在想着雅典。

想着"漫画形式的基础探索"……

……我给它起了个别名叫"逻辑漫画"……

……以及它的意义。

所以，我想给你讲个小故事。

我觉得这个故事让我离……

……"逻辑与疯狂"这个主题更近了一点。

……一个雅典的故事。

跟着安娜一起去看彩排……

我的高中离这儿就5分钟路程！

当我们从地铁出来，我感觉回到了自己待过的老街。

但真是如此吗？

希腊烤肉串

星巴克

这该死的东西在哪儿……

我一定得在地图上找到这个地方……

……我之前从没来过这个彩排的地方。

拜托！我有整整六年都是沿着这些街道走路上学！

这个地区的地图简直就嵌在我的神经元里！

最初，我没看出太大变化……

好吧，不完全是……

第三个路口右转，是这里！

看到这个菜市场还在真是太好啦……

事实上，不得不承认，在安娜面前炫耀自己对这一地区的熟悉，我感到很惭愧！

当我们从菜市场转过弯……

从这儿穿过去，一直走到尽头就是艾弗瑞派德街，对？

你问过他了？

呃，算了吧……

呃……

毫无疑问，我不在的几十年里，这里发生了变化！
你看到了吗？
那些……
……妓女？
她们怎么了？
ZHONG GUA
CHINA CHINA
IMPORT AND EXPORT COMPANY
赫里斯托斯！我要迟到了！
对不起，我只想记住这些新景象！
我们现在需要找到……呃……
米南德诺街！
第二个路口右转！
你看，景象变了，但地图还是一样的！
天啊！全印地语的理发店！
赫里斯托斯，快走！

有什么觉得奇怪的，只有你生活在伯克利？雅典现在是个国际化都市……
我猜我只是在和自己记忆中的城市作比较。
你知道，现在希腊人口中至少有10%是移民。
而这一带也许超过99%！
这是个贫民区！你还能期望什么？现在……
“在第三街区的中间，有一条向右的长廊，一直走可以到达一个小广场……”
但是这儿有两条长廊！
所以，你的“内嵌地图”现在怎么说？
写这个指南的人肯定没受过算法精确性训练！
ΨΙΛΙΚΑ
让我想想……我们可以用一个简单的搜索程序：第一步，选择其中一条长廊，如果它没有通向我们想去的地方……
……根据“归谬法”，一定就是另一条长廊！
没时间了！你选择一条，我选择另一条，不管谁找到“小广场”都给另一个人打个电话！
但是……

有一欧元吗，
伙计？
我在和**你**说话！
你个脏猪！
啃！快
到了！
这里没有
“**小广场**”。最好
给安娜打个
电话……
先生！
一个**小阿飞**刚刚把我的钱包
偷走了！我能借一下你的**电**
话，打给我儿子吗？
当然了，
没问题。

想找个伴儿吗,老板? — 不用了,谢谢!	你搞定了吗? — 嘿…… — 回来!

骗子!

赫里斯托斯!

我刚才正在给你打电话。

好吧,再打一次试试,和你通话的会是一个**行骗高手**……

……他刚刚偷了我的手机!

这条路上也没有"小广场"……

我不敢相信这发生在我身上!我算什么,是**白痴**吗?

我们**现在**该怎么办?

打扰一下,先生,你知道怎么去——

我不是希腊人,我不会希腊语。

该死的!

嗯，别太沮丧……它肯定在**某个地方！**
哦，这个消息实在是**太**令人欣慰了！
好吧，我们的选择是……
……**从头**开始：
噢咿……
噢噢噢噢咿咿咿……
我被毁掉了……
第一步，确认我们的**转弯是正确的**……
听……
有人正在遭受痛苦！
噢……痛……
我想我知道**是谁！**
哦，阿波罗，引路之神，
你要把我带往何方？
你毁了我，
这是怎样的死亡之屋？
你的言语让我恐惧……你激起了复仇女神，她们在这个屋子里尖叫！
哦，血！它在滴，一滴又一滴！黑色的血滴落在我的心脏……
受到致命伤的心脏……在生命将逝之时，在死亡疾速降临之时……

我在你眼中看到了**杀戮**，我很**害怕**，我的儿子！

你才是**凶手**，不是我！

整场彩排我都坐在那儿，完全被吸引了。

埃斯库罗斯的文字有着黑色谚语般的智慧……

"他的行为一定会忍受折磨……"

"我们只能通过苦难习得……"

但我想知道，我们学到了什么？

人生，在完完全全的复杂性中，教会了我们什么？

你要明白！如果你杀了我，来自**母亲的诅咒**将会穷追不舍！

但如果我不杀你，**父亲的诅咒**也会这样！

逻辑学家憎恨矛盾……

但在你所持的悲剧视角下，人生，不正是由一堆矛盾组成的吗？

很奇妙，《奥瑞斯提亚》中的矛盾让我想起……

……那天傍晚早些时候我的小狂妄……

……我以为自己很了解雅典的那个街区……

……只不过是因为，正如我曾经说过的，"那里的地图已经嵌入我的神经元了"。

好悲哀！

然后，很奇妙地，这让我回忆起早些时候我和安娜说的"地图制造者"……

卫城

……这是我试图对"逻辑漫画"中的那些英雄所做的点评。

我的想法是："的确，弗雷格、罗素、怀特海都是绝佳的地图制造者……"

"……但是最终他们可能混淆了现实和他们的地图。"

对**精神错乱**的完美定义！

……而我感觉这个想法就是我对你的"逻辑来自疯狂"这一主题的理解。

注释

[1] 哥德尔,见本书第 321 页。
[2]《奥德赛》,《荷马史诗》之一,西方文学的奠基之作。史诗中的人物国王奥德赛(又称奥德修斯),在征战特洛伊胜利后,经过十七年的艰险与诱惑,战胜无数困难,终于回到自己的家乡伊萨卡,迎接他的是忠贞不渝的妻子和智勇双全的儿子。而伊萨卡,从此成了一个永恒的家的信念。
[3]《奥瑞斯提亚》,见本书第 325 页。
[4] 原文是 KEEP IT SIMPLE STUPID。

第五章　逻辑哲学战争

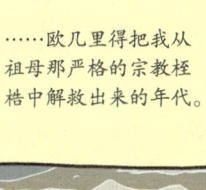

赫里斯托斯关于**地图和现实关系**的解释来得非常及时，恰逢我们的故事讲到**现实世界开始横冲直撞地进入罗素**与世隔绝的生活之时。

安娜，**布莱顿调研**的怎么样了？

这里有些精彩的老照片……海滩上的美**好时光！**

这个海滩和我们的关系是？

嗯，**罗素遇到危机时经常会选择逃离。**

太漂亮了！这颜色……

独处……

思考……

冬日的一天，我坐在布莱顿的海滩上，思绪回到了早些年……

……欧几里得把我从祖母那严格的宗教桎梏中解救出来的年代。

由完全的理性所保证的确定性是我关于完美宇宙的梦想。

我自己关于天堂的想象。

总而言之，我花了二十年的时间与数学基础进行搏斗……

……满怀理想主义地投身于浩瀚的真理海洋。

现在，时候到了……

《数学原理》即将出版，我的劳动成果将要公之于世……

……或者，更准确地说将我们对那部分世界的粗浅理解公诸于众。

这意味着一个终结，尽管并不完全，但是却促使我去反思自己的人生。

反思使我清晰地认识到一个我并不想接受的事实：

抛开数学和一段搞砸的婚姻，我是完全孤立的！

这就是我……

缸里的一条鱼……

与世界隔绝……

……满足于在可以用"栅栏"保护起来的那片天地里——我那质朴的智力避难所中——横冲直撞。

那时我意识到，从做人的层面来讲，我没有多大的进步，仍旧是那个拼命找寻方法，想走出不确定性的致命旋涡的小男孩。

《数学原理》是我向世界伸出的一只手……

……但是，它能触及我的目标吗？

如此这般，时间到了1911年。在这一年，我的生活中出现了两个重大事件……

一个开始于美梦成真却最终演变成了一场噩梦。另一件，则正好相反——

不过还是让我来从头讲起！

一天下午，我正在学校自己的房间里，这时传来了敲门声……

你是**罗素教授**吗？

一个年轻的陌生人进入了我的房间。

是弗雷格教授让我来这里的。

弗雷格教授近来**怎么样**？

他一直说没有人比你更适合教我**逻辑学**了！

……就这样，我有了一个新学生！

从一开始，他对哲学的执着信念就给了我很深刻的印象。

但是我们能**确定**知道的只是**逻辑运算**的结果！

的确，我们还借助了**经验观察**！

不可以。

通过**感官**获取的信息呢？

不可以！

这样强烈的意志，我只在年轻时的自己身上见过。

区区经验不能放在关于真理的对话之中！

举个例子，对于陈述"这个屋子里**没有**犀牛"，难道你不接受它是真的？

不，我**不接受**！

我这个新学生的名字是路德维希·维特根斯坦[1]。

来吧……我肯定你会同意**存在**经验事实这样的现实。

《数学原理》的第一卷在他到来之前刚刚出版。

这是音乐，罗素。

这是**莫扎特**[2]！

维特根斯坦对美的鉴赏力确实暖人心房……

能读懂这本书的人寥寥无几，但他们谁也没有他这样的热情！

他们是这样说的，尽管我们给出了几百页的符号演算，还是**没能**把颤颤巍巍的**基础**变得稍微稳固一点。

哈！他们**愚蠢至极**！

他们的要点是，**类型论**的**前提**不能让人信服……

……正如我所忧虑的！

但是他们不懂类型的**意义**所在吗？

它们是我们用来对抗**悖论**的卫士，它们对**逻辑**本身来说是非常基础的！**类型一定要得救**……

……不惜一切代价！

当然，我完全赞同维特根斯坦的观点。但悲哀的是，怀特海和我已经筋疲力尽，没有能力再去尝试拯救类型了。

然而，我却相当乐观。

原因是：此刻我非常确信我的学生是个天才！哦，所有天才应具有的明显特征在他身上都有明确地显现。他……

逻辑学太重要了，不能只留给**逻辑学家**！

我们必须深入**真正的本质**！

……把不必要的都**去掉**！

充满热情……

深刻……

激烈……

我**不允许**你放弃《数学原理》！

……有时又有令人气愤的霸道！

……换言之,他拥有《数学原理》修补者所应具有的一切素质!

至于我自己……

……我要继续前行,去探索——现在是在更稳固的基础之上——我们如何获知物质世界的真理。

然而我们都知道,不管是人是鼠,即使是最好的计划,结局也往往会出其不意……[3]

我们当然要这么做:**集合论**是整个论证的关键。

那个该死的蠢货希尔伯特管它叫"天堂"!但这简直就是地狱。

罗素,你在建立集合上浪费了太多的篇幅!

就是通过这座地狱的大门……

……怪兽无穷爬进了数学里!

它早就存在于概念宇宙里,远在我们用微不足道的大脑拨弄它之前!

啊,罗素,我太难受了!

"爬进"?荒唐!无穷从一开始就在那里,兄弟!

别告诉我……

千万别告诉我你在假定**数学现实**是**独立存在**的？

我当然这么认为。要么是**这样**，要么我们就生活在彻底的**混乱**之中！

但是《**数学原理**》的权威性不正是在于它把要说的**所有内容**都写出来，而且**只说**这些内容吗？

那么，你的"**无穷**"在哪里？

哪里？

它不适合出现在……

……一本有穷的书里！

当我委派维特根斯坦去调整我们的技术性论证时……

……我天真地希望他会去做我想要他做的事情。

唉……

你不明白吗……**没有客观存在**……

结果他现在却在质疑我关于真理的本质的**最基本的**、不言而喻的前提！

这一质疑让**罗素**极端焦虑，因为它所攻击的是罗素的**最强**防御——关于**客观现实**的信念！

……而此时，罗素的**其他**避难所也不复存在了！

他已经离开了**爱丽丝**。而亲爱的**伊芙琳**也不愿屈服于他的魅力。

他们中总算还有一个人记得她已经嫁给他最亲密的朋友了！

我认为**罗素**看**维特根斯坦**就像看到镜中的自己：他和自己有太多的相像之处！

但是，他逐渐意识到……

这种凌驾于一切之上的"**强烈**"不过是……

……对潜藏的**不稳定性**的一种表达！

一天，维特根斯坦在凌晨三点闯入我的房间，对一个微小的逻辑问题表达了极端的愤怒。

我警告他要小心：这样下去他会精神失常的。

但是他说……

上帝阻止我清醒！

上帝一定会阻止！

嗯，这里**罗素**似乎在暗示**疯狂源自逻辑**，而**不是**像你所说的，正好反过来。

我不这么认为……

在很多评述中，罗素都提到维特根斯坦"非常像"他，他把这解释成"**典型的逻辑学家**"！

这儿就有，大家听听……

罗素写道："像我一样，他不断地**分析**所有的一切。这是一种用来舒缓激烈情绪的惯常行为。"

罗素的童年让他有很好的理由想去舒缓激烈的情绪！

所言极是！

正是由于他的**性格特点**，他的**不安全感**，他的**焦虑**驱使他走向**逻辑**！

绝非偶然，恰恰是在我的逻辑学工作的价值开始受到质疑时，我对疯狂的——扎根于内心深处的——恐惧再次浮出水面。

正如之前所说："理性沉睡，则怪兽出没。"

作为维多利亚时期的孩童，我已经学会了这样看待人：每个人本质上都可以分裂为两个人。

一个是纯粹的完人，其信条是理性……

杰基尔博士和海德先生[4]

……另一个则是令人深恶痛绝的邪恶，总是放纵自己的情感和欲望！

正是维特根斯坦要从根基上损毁我的逻辑工作，让邪恶浮出了水面。

我被引入了一个可怕的死胡同。

跟我来！我们去找些乐子吧！

在解决类型论的问题之前，你不应该有幸福的生活。

恰逢此时，第二件大事发生了。

在这次危机中,我一直坚持参加一些惯常的外界学术活动,并以此寻求某种支撑。

德国佬执意要按他的想法,先生们!

在一场枯燥的大学晚宴开始的时候……

而且如果不能和平解决,他就要诉诸**武力**!

请您再说一遍,先生!

紧接着发生的事件……

?

先生,有急事需要您赶紧回家!

……毫无预料地,向我展示了一个全新的面对生命的方式。

等等我,罗素!

这是**紧急状况**,快跑!

啊,怀特海,总算回来了!

是非常严重的心绞痛……

……还有心悸……

……表明**心力衰竭**!

心力……衰竭?

天啊，
她快不行了！
伊芙琳，
我亲爱的？
哦！这疼痛
太折磨人了！
我站在那儿，默默地注视着我爱过的女人正在忍受痛苦，我那质朴的世界观的最后一个落脚点崩塌了。
亲爱的
伯特兰……
胡说，姑娘！
你得自己照顾他……
答应我，你会帮我照看可怜的阿尔弗雷德！
我直视她的双眸，
却恐惧地看到了
自己的死亡。
还有
……
请一定要……帮助埃里克像个男人一样面对我的死！
……新发掘的责任感带给我一条走出内心绝望的新路。
这是通过面对死亡获得的，这个死亡警告……
我们聊一聊吧，
小家伙！
……这是个契机，它出乎意料地扩展了我的生命。

在伊芙琳的眼里，我看到了毫无遮掩的身处困境时的景象……

每个人都要面对的可悲的孤寂。

生命的有限和彻底的徒劳无助。

疼痛和疾病令人恐怖的残酷。

对死亡的彻头彻尾的惊骇。

但是和埃里克谈论死亡，还可以有另外一种方式：

救赎。

在慈悲中……

在爱中……

……必须告诉大家，怀特海夫人在不久之后……

……完全康复了！

显然，她的"心脏衰竭"是消化不良，由于神经紧张而有所加重！

……而且至今还活得好好的！

然而，尽管她濒死的消息是一种严重的夸大，但是这件事带给我的转变却是真实而彻底的。

因此，说真的，当我收到来自维特根斯坦的信，说他已经去了无人烟的挪威峡湾"思考逻辑命题的意义"时……

……我并没有被他的质疑所影响，也没有被他的批评扰乱心神。

我的房子 →

亲爱的罗素：
我一直在思考你那个令人厌恶的类型论。完全没有头绪！
我们真的需要这种偏离吗？
告诉我
因此，一个

我的新关注点
——人类的幸福
——调和了我对数学基础的激情。

在这个新的精神支柱下，我开始进行演讲——就像现在为你做的演讲一样——努力把更高等的逻辑应用到人类事务上。

【沃里】克郡学会
兰·罗素
逻辑的本质是什么？

……因此，为了合理的行为……

注意，当时还是一个人们对任何类型的逻辑都知之甚少的时代！

转眼到了 1914 年夏天。
百代公告
奥地利大公遇刺！
哦，天啊！
这不会波及我们吧？
只是个**区域**事件，亲爱的。
但是显然**德国人**认为这是针对他们的。
最坏的情况也就是他们入侵**塞尔维亚**！
“如果**德国**进攻**塞尔维亚**，**俄国**将对**德国**开战！”看报了！
卡莱
当然，这**会**让事件复杂化！
沙皇：“我会捍卫！”

接下来的几天里，一细想起这件事就让我不寒而栗。

每日快报
同盟国对塞尔维亚宣战

晨报
沙皇："我要捍卫他们！"

该死！

晨报
沙皇：我要

每日快报
同盟国宣战

每日快报
俄国开始动员

仅仅几周的时间……

每日快报
日快报

晨报
德国对话俄国："动员意味着战争！"

一系列不合逻辑的行为……

每日快报
每日快报

晨报
德国

晨报
法国警告德国

把我们带到了……

晨报
法国警

每日快报
德国入侵比利时

……可怕的噩梦边缘。

还不止于此。

整个欧洲大陆都受到了民族主义的感染……

咔嗒咔嗒咔嗒咔嗒咔……

……"好战"这个病毒全速穿越了英吉利海峡。

"但他们没有影响到你,先生!"

"怎么做到的?"

"哦,借助逻辑。"

"或者更准确地说是……"

"……总是**试图**变得更有逻辑,好以此来抵抗非理性的本能的意愿。"

"嗯……我已经部分免疫了。"

"别忘了我儿时在墓地见到的残疾退伍兵'老帕克'(Parker)!这个人所遭受的摧残……"

"……让我知道我们**都**需要去了解战争!"

"带着这样的预期,我开始行动。"

"我编写小册子、撰写文章,在会议和集会上演讲,目的是找到和平解决危机的方式。"

"每次都呼吁大家回归逻辑……"

"……回归理性。"

> 1914年的8月4日，我来参加在特拉法加广场举行的支持和平的集会。

> 此时传来新消息……

> ……英国向德国宣战了！

> 随后，一件可怕又不可思议的事情发生了。

> 因和平的梦想而聚集在一起的人群……

> ……突然间因为已经成为事实的战争变得很兴奋！

"抓住德国佬！"

> 但最奇怪的是我自己的第一反应。

"上帝保佑国王！"

统治吧，不列颠尼亚，
不列颠尼亚统治这片海域

"好哇！"

> 当时，我和所有退役上校一样希望德国战败！

还好,这一潜藏在深处的种族本能所引起的奇怪的情绪高涨,在我这儿只维持了几个小时。之后我又恢复了理性。

我开始在我的演讲和文章中据理反对这种疯狂,而这种疯狂此时已经把我所认识的一些最聪明的人也席卷进去,包括……

……路德维希·维特根斯坦!

我自己的"逻辑接班人"现在已经入伍,作为一名志愿者加入了奥匈帝国的军队!

尽管维特根斯坦想成为一名军人有着自己古怪的原因……

我们想要**大个儿**的加农炮,**将军有点近视**!

是,中士先生!

……军方当权者无疑是受到了他们家族巨大财富的影响,把他安排到了军队总部。

他现在差不多相当于一个助理机械师!

然而没有什么工作能够中断他的思考:关于逻辑命题的意义……

这很有意思!

……以及它们和语言的关系。

在战争初期,我还能收到他的几封信……

您的加农炮,我的将军!

……讲述他最新的成果。

正是这些玩具模型引导他产生了他的第一个重要思想。

……所以,我们的**炮兵部队**将从敌军的**西侧**开始射击。

每个加农炮代表**一个炮组**,阁下。

一个玩具士兵代表**一个步兵营**。

因此,现实的每一部分都是由一个**符号**来表示的!

……然后,四个步兵旅将向他们的前方进攻。

步兵攻入……

绝妙!

……而这些依据它们的**真实关系**而进行的重组,是以**语言**为媒介的!

维特根斯坦，往前推步兵！
这实际上意味着……
列兵维特——
语言只是个模型……
是现实的影像！
维特根斯坦正在研究语言作为真理的可能性，而我在战时英国的体验……
我们的母亲和妻子希望我们去战场！
……让我更加确信自己的观点：语言是说谎的工具！
谁缺席了？是你吗？
军队并非只有工作！
随着战争不断升级，我暂离学校一年去开展运动，反对迫在眼前的征兵。
我说，罗素……
剑桥
哦，再见！
我只在演讲时才偶尔回到剑桥。

德国皇帝付给你多少钱，让你这样破坏我们的年轻人的斗志？
该死的叛徒！
我遇到过很多在其他事情上很理性的人现在却正实践着非理性。
而有些人则更痛苦。
欢迎！今天来的人可不少！
稍等。
怀特海？
罗素。
我的天啊，这是……

240

某种意义上，维特根斯坦的志愿参军也是出于同样的原因，尽管在他那里，"好玩"是偏向于哲学意义上的。

你有孩子了吗？

没有，少校先生。

少校先生，我申请去前线！

不只你一个！

那你结婚了吗？

没有。

你不明白吗？必须有**非常充足的理由**才不用上**前线**。

我尊敬的长官，是你没明白我的意思。

我是申请去前线！

维特根斯坦确信，在成为一名逻辑学家之前，先"要成为一个人"。

我会推荐你。

他认同叔本华[5]的话：没有什么比濒死体验更能让你成人了！

而他确实那么做了。

维特根斯坦得偿所愿。

他被分配到前线的炮兵团。

他终于可以体会战壕生活的乐趣。

享受睡在泥巴中的快乐。

对他而言,没有任务是卑微的……

没有任务太过苛刻……

没有任务太过艰难……

……也没有任务太过危险。

有人自告奋勇吗?

你怎么样?

当然,陆军上士先生!

哈,受特别优待的超级受虐狂!

你完全明白这项任务对新一轮进攻成功的重要性吧?

要想任务真正完成,这个人必须完全……

……冷静。

我明白,少校先生!

最终,他找到了自己真正想要的。

可怜的家伙。

但是显然他并不明白。

至少最初是这样。

"前哨观察员"处于最危险的境地。

要理解这种境况,必须亲身体验!

这个世界存在**意义**吗？
……如果有，它肯定并**不**急于展示！
嗞—
隆隆！
嗞—
嗞—
啾—！
嘭！
嗡！
哦，天啊……
轰—隆！
现实的一个主要缺点是：如果近距离观察，它和所有的“图画”都相差甚远。

……没有任何理论能够解释这种差异。

冷静，冷静……

直面死亡，维特根斯坦对其有了最深刻的洞见。

世界的意义并不存在于世界之中！

……当一个人置身于万丈深渊的边缘——却发生了没有掉落深渊这样的不可能事件——这个人或者成为一个神秘主义者，或者成为一个疯子。

……也许二者本来就是一回事儿！

幸运的维特根斯坦成功地战胜了极端的生存状况。
砰
砰
砰
砰
而埃里克·怀特海就没这么幸运了。
亲爱的各位，我们在这里感谢**主**赐予这个热爱**国家**的**年轻人**的一生……
这里充斥着宗教和爱国的华而不实之词，因此……
我没有去参加他的葬礼。
我以我自己的方式来哀悼他。

……这包括我改变了自己的方针：从仅仅主张和平解决冲突，到鼓励人们出于良知拒服兵役。

听起来有些矛盾，我成了……

……一名激进的和平主义者！

好样的！

那就再来一次，罗素教授！问题是一样的，一场完全没有理性的战争！

所有的战争都是非理性的！

嘘，听教授讲！

我们来这儿不是听你们讲的，各位！

您**必须**表明立场，罗素教授！

捍卫你的信仰！

证明你是一个和平主义者！

嘘，嘘……

请……

249

我被大学开除,被起诉,被带上了法庭——还需要更多的证明吗?

但那都是历史了!现在呢?

请多些耐心,我的故事就快接近尾声了。而碰巧,最重要的事件,也恰恰正是你们关心的,就在结尾处……

……现在宣判:判处被告人**伯特兰·罗素六个月监禁。**

顺带说一下,你们可能会对我入狱的理由感兴趣:一篇反对自己国家卷入战争的文章!

但我没什么好抱怨的:在布里克斯顿的那段时间,我得以专注又高效。

多产的一天,先生?

的确如此,威尔逊《数学哲学》的引言基本完成了!

我对道德职责的欲望已经完全得到满足……

……现在我又回归于纯粹的思考,开始为我逻辑工作的前提撰写辩护稿。

战争结束几个月后，我收到了一份完全意外的礼物。

感谢老天……他还**活着**！

"我已经**彻底**解决了全部哲学问题！"

还是原来那个维特根斯坦……谦虚从来不是他的优点！

这部**杰作**的初稿完成于东部前线的战壕里，它很隐晦，至少其中一部分对我来说是如此。但我仍旧能够感受到"完全解决"意味着……

　　　　　　　　　发生的事情。
事物的总和。
1.1 世界是事实的总和，而不是
1.11 世界为诸事实所确定，为它们即是全部
事实所确定。
1.12 因为事实的总和确定发生的事情，也确
定所有未发生的事情。
1.13 事实

等等，等等！我尝试去读了这本《**逻辑哲学论**》（拉丁语）"……

那时这本书还叫《**逻辑哲学论**》（德文）"。[6]

……管它叫什么，总之我非常困惑！

在这一点上，你并不孤单。

这本书**大概**说了些什么？

首先要记住：促使**罗素**去探索**绝对确定性**的是他对日常使用的普通语言的深深的**不信任**。

与弗雷格类似，他把普通语言看作是对**纯粹思想的腐化**……

……因此要用"**逻辑完美**"的版本来进行替换。

但是，在批评《**数学原理**》的前提时，**维特根斯坦**质疑了这种转换。

……同时重新启用普通语言！

《**逻辑哲学论**》的第一句就提到了世界的真相……

"世界是一切发生的事情。"

而语言是世界的模型……这就是他的"**图像论**"的要点。

看，就像这个**玩具加农炮**，它是……

……真的加农炮的**模型**，因此……

……这个**词儿**，同样也是！

而语句"加农炮对敌人开火"就描画了真实世界的情境!

砰——轰!

不过我们继续往前看吧,时间到了1919年的12月,**海牙**的那次重要会面……

海牙饭店

由于战争的创伤仍未愈合,奥地利人不得访问英国。因此我们不得不在中立国的土地上见面。

要想向你们描述战后比利时的状况,我得成为埃斯库罗斯、欧里庇得斯[7]……

……尽管被洗掠之后的特洛伊也不会比那时的伊普尔更糟了!

我期待七年之后重聚的喜悦……

……带着一丝惊恐和害怕。

整整一个星期，我们醒着的时间都在讨论《逻辑哲学论》，我们逐个讨论了所有的论证。

"图像"论足够清楚了。但是它给出的真只能是由于它背后潜在的更高等的逻辑语言。

又来了！**不存在**什么"更高等的语言"！真只从一个地方来！

要描述这个世界，也就是所有的事实，我们的全部所需就是"图像语言"！

……以及**逻辑**？

逻辑是这个语言的形式，它内嵌于语言之中，就像支撑一个建筑的钢铁结构。

但是在钢铁结构中**生活**试试？

……你需要明白我的**核心思想**和你的正相反！从你和弗雷格的课程中——我只学到了一些**方法**！

逻辑的本质决定了你建立逻辑的基础注定会失败。
……你不能讨论逻辑！
逻辑只能展示！
一次只讲一件事，老伙计！
要消化某人的“哲学问题的彻底解决”并不容易……
……尤其是当它还暗示着你毕生的工作会被颠覆时。
顺便问一句，你的书是不是也摧毁了数学？
哦，数学是个相当不错的工具。但是要给予它的……
实体某种“独立的存在性”则相当愚蠢！
正是它导致了怪物的出现！
像“所有集合的集合”……
……像所谓的“无穷”！
但我们不需要集合！而且说“x就无穷而言是真的”就像对“宇宙”做陈述一样空洞无物！
你错了，这里至少就有一个不空洞的例子：“在宇宙中至少存在三样东西。”
也就是说，看看……

……这根树枝：上面有三片叶子，因此"在宇宙中至少存在三样东西！"

不，不，不！错得太离谱！你可以说"这棵树上至少有三片树叶"……

……但你**不能**说"在宇宙中"！逻辑一定**不允许**这样，因为你无法**描述宇宙**！

那些**悖论**已经警告过你了，**罗素**！

逻辑是**虚空**的……它无法言说**现实**！

试图用空形式来言说实质，得到的只能是废话！

那陈述"明天下雪或者不下雪"呢？它具有"空形式"，却完完全全是真的！

是的，但是关于明天的天气，它什么也没说！

就是这样：整整二十年，我一直致力于证明存在制造重言式的机器！

我的书界定了**语言**，因此也界定了**思想**。

但是**真正的**问题并不是这些……

……是如何**生活**。

……而关于**这个**问题，我们无法讨论！

所有的**科学事实**都不足以理解**世界**的意义。要想理解世界的意义，必须站在**世界之外**！

没有了**语言**或**思想**，靠什么来理解**事情**？

谁知道，也许通过吹口哨？

这天**太冷**了，不适合吹口哨，罗素。

实在太冷了。

注释

[1] 维特根斯坦，见本书第337页。
[2] 莫扎特（Mozart，1756—1791），欧洲古典音乐作曲家，代表作有《安魂曲》。
[3] 典故来自苏格兰农民诗人罗伯特·彭斯（Robert Burns，1759—1796）的《致老鼠》。
[4]《杰基尔博士和海德先生》又译作《化身博士》，是英国作家罗勃·路易士·斯蒂文森（Robert Louis Stevenson，1850—18941）于1886年出版的小说。书中的主人翁大善人杰基尔医生，一旦喝下一种药水，就会变身为邪恶、毫无人性的海德。他们一个是善的代表，另一个则是恶魔的化身。
[5] 叔本华（Schopenhauer，1788—1860），德国著名哲学家，非理性主义哲学创始人。代表作有《充足理由律的四重根》《作为意态和表象的世界》。
[6]《逻辑哲学论》，见本书第332页。
[7] 欧里庇得斯（Euripides，480BCE—406BCE），代表作有《美狄亚》《海伦》，与埃斯库罗斯均为希腊悲剧大师。

第六章　不完全性

欢迎归来，赫里斯托斯！
开始吧，我们争取把这个故事解决了！
很有意思，亚里士多德用的词更简单：“解”。
暗示暗示……
现在，我们看到罗素梦想获得确定性的方式被《逻辑哲学论》动摇了……
……坦率地讲，《逻辑哲学论》在我的被极度高估图书榜中排前十！
即便如此，它仍旧是你的“现实与地图”这个主题的核心。
……或者，我其实更愿意想成“具体与抽象”。
可是，你不应该去敲打抽象！在这个故事里，它可是最精华的部分！
好的，不过我们只有一个小时！安娜希望我们都去参加《奥瑞斯提亚》的带妆彩排。
对。那我们继续——

战争改变了所有的事情，不只是我。
世界开始变得混乱颠倒。
他们管这叫**艺术**？
更准确地说是“**否认艺术的艺术！**”
先生，我邀请您参加一首**诗**的**创作**！
我们开始吧……
膝盖
管子
弹跳
你**究竟**在做什么？
嘘……
瞧！
“肘部膝盖绑架怪诞管子衰退寒冷诅咒弹跳空位期土耳其毡帽”。
!
艺术模仿生活，**先生**……
怪诞
……**随机乱炖！**
如果这是**艺术**，我还是选择**数学**吧！
寒冷

前提：旧世界制造了一场可怕的战争。

结论：旧世界的价值观和体现这些价值观的艺术都需要被摧毁。

爸爸！

！

……这个论证可是需要些步骤！

历史是历史是历史。

这是傻子讲述的故事，亲爱的朋友，它没有任何意义！

坐在矮胖子**爸爸**身上的矮胖子有个巨人**爸爸**。

我和这些发怒的艺术家一样对旧世界持批评态度。

但是我害怕由于其消亡所带来的空虚……

……成了对非理性的公开邀请。

叶芝[1]写的台词完美地表达了我的恐惧。

"万物分崩离析，中心难再维系……"

"……世界只剩下无序和混乱。"

维特根斯坦的《逻辑哲学论》于1922年出版。

尽管算不上真正的畅销书,其影响却在逐渐增长。

认为这信息很重要的人,开始给予它越来越多的关注。

位于名单榜首的是我的老朋友摩尔,引领我走向逻辑学的第一位导师。

《逻辑哲学论》处理逻辑学的问题……

是的,就像亚历山大[2]用一把剑"解开了"戈尔迪之结[3]!

……而且解决了!

花了23个世纪建立起来的东西,他一瞬间就给解决了!

维特根斯坦这样说:逻辑学家们,从亚里士多德到你忠诚的朋友我,都在通过复杂精密的方法来"用不同的语言说同一件事"……

……重言式!

怀特海和我用了一千多页纸来构建逻辑的基础,而且——

是**试图**构建逻辑的基础,老伙计!

好吧,原谅我,但我感觉**维特根斯坦**在用对他有利的方式洗牌!他的"每件事都是一个重言式"就有点形而上学的胡话的味道!

哦?你确定你的反应没有点"酸葡萄"的味道?

264

不过，尽管我对维特根斯坦的逻辑有所怀疑，但我还是对他的真诚充满了钦佩。

哈哈哈哈

什么事这么有趣，亲爱的？

这家伙在古怪行为上又一次超越了自我！

……他把自己继承的巨额遗产给了他的亿万富翁姐姐们！

为什么是她们？他应该找那些更需要帮助的接受者啊！

"金钱使人腐化，"他说，"所以，最好把它们给那些已经腐化的人！"哈哈！

再听听这个：已经"解决了所有的哲学问题"，他现在决定去当一名教师！

学校教师？

是的，而且他又新找了一个清静的地方来进行他教学生涯的实践……在阿尔卑斯山的一个村庄，上帝啊！

我说，伯迪……

……这太值得称道了！

是的，希望他的学生们也能和你的想法一样！

哦，顺便说一下……

忘了告诉你们，那时，我的个人生活发生了一些变化。喜人的变化……

……好吧，至少最初是如此！

我的新太太，多拉，和我一样，都对最无差别的人类幸福感兴趣。

……在这一点上，顺便提一句，一个新成员就要加入进来了。

罗素教授？

祝贺！是个**男孩**！

……一个……男孩？

哲学上的安慰并没有让我对这样的欢乐做好准备！

特威达和特威迪两人说好要干一仗，因为特威达说特威迪弄坏了他的新拨浪鼓。

> ……这种快乐，就像所有的快乐一样，并没有那么纯粹！

哇——
哇——
哇——
哇——
哇——
哇——

亲爱的……
嗯？

哇——
哇——
他是不是太冷了？
……还是太热了？
温度正合适！

哇——
哇——
也许是饿了？
他半小时前刚吃过！

哇 哇 哇 哇 哇 哇 哇 哇
我去看看！
烦死了！

嘘 哦呜哦呜哦呜

> 正如我成年后经常做的那样，我转而求助于理性。

嗯……有意思……

> 心理学这门新科学似乎为我指明了一条出路。

事实上，当时的情况对于我的逻辑主义计划的扩展非常有利。

维也纳一群有远见的人起草了一份宣言，主张"世界的科学构想"……

……这是一项将逻辑学、数学和物理学的工具应用到人类事务上的研究计划。

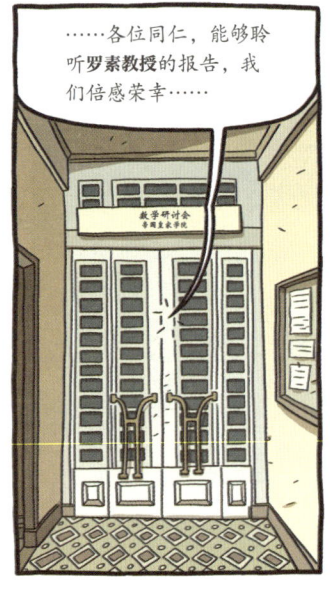

因此，尽管我自己的逻辑研究工作是失败的，我没有……

等一下！

你们可不能说**罗素**在**逻辑学**上的工作"失败"……**绝对不行！**

我们用的是**他的原话**。

但《**数学原理**》是之后所有工作的基础！

但是——

嗯……

好的，也许我们可以在**伯迪**的**维也纳之旅**中做些说明。

……各位同仁，能够聆听**罗素教授**的报告，我们倍感荣幸……

……**罗素教授**为**逻辑语言**打下的基础使**科学世界观**的构建成为可能！正是**他的**先锋视野激发了我们**学派**的工作灵感……

给我们启发的还有令人尊敬的老先生，**弗雷格**和**维特根斯坦**！

?

他的报告也一样鼓舞人心！
精彩的报告，教授先生！
谢谢您！
嗨，石里克[4]……
你愿意和我说说为什么给维特根斯坦贴上“老”的标签吗？
但他确实老啊！
对于维也纳学派的成员来说，维特根斯坦已经成了一个传奇。
……就像所有的传奇一样，与真实的关系相当脆弱！
我可以向您介绍一位新同事吗？
库尔特·哥德尔先生。
很荣幸，教授先生。
我正在攻读逻辑方向的博士学位。正想问问您：在整个《数学原理》中，您一次也没提到——
“整个”？你的意思是你读了所有的内容？
的确，每一页！如果没读的话怎么能做评论呢？
天啊，一定得给你颁个什么奖……
……虽然我也说不上是为什么！
我们回到重点：在整部书中我没有看到一句关于最基础的假设的明确陈述！
哦？那应该是什么？
当然是，“理论上，每个逻辑命题都可证”为真——当然，这句话也可能是假的。

毫无疑问，这是**逻辑观点的基础**，不是吗？

某个命题为**真**等同于它是**可证**的！

因此，您假定它为**公理**？

不，不是……我猜它恰恰反映了**逻辑系统**的**本质**，就像**老希尔伯特**所说："在数学中**不存在'不可知'**！"

难道**这种说法**就不需要**证明**吗？

这个年轻人的问题把我带回了我在哲学上少不更事的日子……这让我痛苦地意识到我的探索的核心是虚空的。一个我穷尽一生试图填满的虚空——然而却失败了！

现在满意了吗？

罗素还是"失败"了？

不管怎样，我要为罗素鸣不平，因为有一点非常清楚：没有《**数学原理**》这样的基础性工作，**哥德尔也不可能问出这个问题**！

这就是为什么他不得不自己进行**研究**的原因！

好吧，就这个问题，哥德尔没有从**罗素**……或者其他任何人那儿得到**答案**！

我启程回家,维也纳学派的乐观让我恢复了活力。

……途中,我去拜访了一位老朋友。

弗雷格夫人?

……他在那儿,在他的"**逻辑**"世界里,总是这样……

很高兴看到你还在工作,**教授先生!**

对,对,我不能停下来!**太危险了!**

哦……那是什么样的"**危险**"?

当然是**犹太人**的问题!

我用严格的**逻辑**证明了……无可避免的**结论**……暗中破坏着国家的**基础**……我们必须捍卫……要从**社会主体**中除去他们……采用任何可行的方法,为了**新社会**……

"**逻辑是工具**"……这是我自己的话。

就像一把刀,你可以用来切面包——或者杀人!

弗雷格的偏执妄想是古话"坏鸡蛋做不出好蛋饼"的邪恶变种。

救命！救——救救我！

你确定他没事儿吗，亲爱的？

嗯。

虽然我非常不同意他所谓的优秀种族的标准……

……和他一样，我同样梦想有一个更好的世界……

他会好起来的……——旦他克服了恐惧。

救……泪泪……救命……

……我来了，孩子！

救命！

怎么回事——

呜——妈妈……呜——

你究竟在做什么？

?

他本来能够做好……

而且从中学到东西！

对不起，先生！如果我下次看到他快淹死了，我会随他去的！

老话总是说：本能、情感和习惯造就更好的人。

如果换种说法就是：从错误的前提出发，逻辑也会成为刽子手的帮凶——正如弗雷格的残暴理论。或者，蠢人的理想同谋！

所以，如何矫正"扭曲的人性"？如何去除……本能、情感和习惯带来的危害？

在我看来，只可能有一种答案，非常明显：教育。

但应该是**怎样的教育**？

我的哲学继承人有他自己的方式……

你要做的再清楚不过了！

呃……好吧……

你知道该用的工具：圆规和直尺！那么，说吧！

呃……我……我画一条线，从角"B"。

啊，"一条线"，对！但问题是哪条线？

从……顶——顶点……

不对！我已经说过一千零一遍了！

哪条线？

嗯……呃……维特根斯坦先生，是……是……

273

不能让**几何**来迁就你，你这个**笨家伙**！你必须抬起你的**笨脑袋**迎头赶上去！

?

三……
四……

啊……
啊啊……

砰
砰

事实上，维特根斯坦引入教育的唯一理念就是直尺在几何证明中的新用法！

唉，那可是种很**古老的**用法……

对！所以在反复的"**打耳光**"、频繁地**抓头发**和一些"**打屁股**"之后，村委会决定开除他。

他们才是"**逻辑学家**"，我认为！

不过**罗素**这位根深蒂固的**现代主义者**，当然不会接受旧的教育体制！

此刻，我确信心理科学的进展给出了一种方法……
……一种将坏鸡蛋转换成好鸡蛋的完美方法！
欢迎来到灯塔山
亲爱的朋友们，我现在向大家介绍……
……明日之校！
啪 啪 啪 啪
……这儿是艺术教室，这里……
哇！
威尔伯，看！蜡笔！
哦！罗素先生，是什么让您有了如此神圣的理念！
罗素先生就是个天才，亲爱的！
很简单，我不想让我们的孩子们在制造出战争的教育体系下成长！
在我们这所全新的学校中，多拉和我共同承担着各项任务。
今天我们开始学习几何，这门学科我在很小的时候——就像你们这么大的时候——就已经很成熟了……
哦，我还以为你一直都这么老呢！
嘻 嘻 嘻 嘻

……而它是我见过的最美丽的东西！
我猜你周围根本没有真正“美丽的东西”。
哈
哈
哈
哈
哈
哈
也有这个可能，但我身边有很多东西。
对，他有一个难看的保姆！
哈
哈
哈
好了，好了……
我们现在来说说几何……
我讨厌几何！
稍微安静一会儿，我们要……
谁说的？
你说过“没有规矩”！
好吧，不是这样！我们没有强迫的规矩，但是提倡自律，以……
哈，现在他又变卦了！
不要不要
……以自身的兴趣为基础，兼顾现实和乐趣，以及——
几何一点乐趣也没有！
不要不要不要规矩！
不要不要
可恶的小子！
哈，好吧……
有时候，对旧教育最有力的辩护……是新教育！

你们看到了？两种截然相反的教育理念，**维特根斯坦专制，基于规则的教育**……

这两种理念实际上是一样的！

我看是基于尺子的还差不多。

哦？

……以及**罗素完全反专制**的教育，然而两种教育在实践中都**没效果**！

就是这样……他们都是想用**大脑**解决一切！

还能用**别的**什么吗？

开个玩笑！

提醒一下，**罗素的儿子最终被诊断为精神分裂症**，他的孙女，后来**自杀**了。

这些逻辑学家都疯了！

还有希尔伯特的儿子……

现在，在以罗素-怀特海的系统给出的独立公理化为基础，建立一个证明演算……

父亲……他们……

父亲，先生！他们……要把我抓走！
你没看到我在工作么？
把你的手拿开，你……你……你怎么敢……
一定要救救我！他们要抓我！！！
他们把他抓走了。
不——要！父亲！
我为您的儿子感到难过，教授先生！
我没有儿子！
我们继续！设P是一个逻辑命题……
父子再也没见过面——是**父亲**不想见。
可恶……**逻辑**是个**好东西**……这些**巨人**的行为怎么是**这样**？
物**极**必反？
也许他们走向**逻辑**是出于对**含糊**和**情感**的恐惧，而这种恐惧导致了**糟糕的育儿方式**。**真？假？**
“答案在风中飘荡……”[5]

279

永远
不要对"不可知"感到悲观！我们的口号是……
"没有不可知"！
"我们必须知道，我们应该知道！"
数学原理 3
他的信息鼓舞的人之中，有一个是我最近认识的，他将要……
……在接下来的逻辑大会上发言，而这场大会将在维也纳学派成员的聚集地举办。
你好，**石里克**！你发现**维特根斯坦**的真实**年龄**了没？
哈哈……他很快就会回**维也纳**，所以我到时可以"**经验观察**"一下！
……我给你介绍一个才华横溢的年轻人……
……**冯·诺依曼**[6]博士。
很荣幸，**教授先生**。
我说，我很好奇你们怎么会喜欢**我和维特根斯坦**？**特别**是我俩在**数学**上又如此不同。
也许下一个发言者会解决这个疑问，以对**你**有利的方式！
哦？
……传言他已经解决了**希尔伯特的第二个问题**："**算术的一致性和完全性**"……
……也就是解决了**所有数学的问题**！
我的天啊！

当库尔特·哥德尔开始演讲时,我心中涌起的那种兴奋的期待怎么说都不为过。

希尔伯特教授、罗素教,以及各位杰出的同人,我今天要讲的是……

……我关于**算术命题可证性**的研究。

他是位柏拉图主义者,与维特根斯坦相距好几光年!

和你一样,他相信**逻辑**是真理的最高表现形式!

借助《数学原理》中的强大方法,我们有史以来第一次可以在数学理论中谈论"**正确形式化的问题**"……

……这样我们就可以进一步提问:"一个**正确形式化的数学问题一定可解吗?**"

显然可以!

换句话说:"是否每个数学陈述都可证,不管……

……是该陈述**自身**,还是其**否定**(如果原陈述为假)?"

就是关于这个非常基础的问题,我发现了**答案**。

那就是……

281

"总存在无法解答的问题！"

并非如此。

！ ！ 什么？ ？

或者，换种不同的表达……

呃……博士先生……你肯定说的是"未解答的问题"——对吧？

不，不。因为真理的范围是无穷的，显然总是存在未解答的问题。

我现在说得很明确，是：无法解答的！

事实上，我已经证明了，**算术系统**——也因此对任何基于算术的系统——**必然是不完全的**。

在哥德尔的演讲中，听众本来期待的是对他们所珍爱的观点的肯定。

……因此，"Gen-r"不可证……因为，如果它可证，则存在"n"，使得……

他们却获知了完全不同的答案。

一切都结束了。

……"都结束了！"冯·诺依曼的点评完美地总结了哥德尔证明的本质。

我知道一般人可能很难理解……

……但对于那些非常睿智的人来说，不完全性定理意味着梦的终结！

这个梦有着神学的起源。其信条在两千五百多年前就以希腊语写就了。

而现在，突然间，梦中人脚下的毯子被抽走了！

教授先生……要不要我们送你回旅馆？

这正是数学之美，也正是数学之恐怖……

随他吧……

证明没有商量的余地……

……即使是证明某事不可证！

所以，"一切都结束了"，嗯？

这场**抽象思考**之旅，从亚里士多德，经由布尔，最终走到哥德尔的定理，实际上通向了一个新的开始，那就是——

哦，那是冯·诺依曼最初的反应……但后来事情有非常**不同**的转变！

听我说，在考虑你提到的"**新的开始**"之前，我们还是先把这一系列的**老故事**结个尾。

仿佛哥德尔的证明还不够，我的维也纳仰慕者们很快又受到了新的打击，简直是雪上加霜……

……紧随您的《逻辑哲学论》……

……最后一句那举世无双的概括……

……我的劲敌过去在这群仰慕者心中的形象完全被颠覆了！

……为了庆祝我们的首次会面，我们送给您这本《科学世界观的宣言》。

……"对于那些不可言说的，我们必须保持沉默。"

其中的"说"，自然意味着"逻辑地说！"

您的工作为我们提供了从**理性的论述**中排除宗教、形而上学、伦理学等的方法。

因为"**不能逻辑地讨论的内容**"，确切地说，是没有意义的……

……而且，对严肃的头脑而言，谈论它们显然有失身份！

等一等！

你们把《逻辑哲学论》完全理解偏了！

它的意思正好相反：

不能逻辑地言说的东西……

……是唯一的真正重要的东西！

？

！

？

284

尽管与他争论总是伴随着愤怒和大吵大闹，谢天谢地维特根斯坦没有使用**身体**暴力……
……至少没对他的同行们使用！
……为褐衫军[7]开路……
斯坦纳 书店
哦，要是欧洲新出现的非理性代表的信徒们也不使用暴力就好了。
嘿！那有个**犹太人**！
抓住这只狗！
我要用**雅利安人的方式**给你点教训！
?
随着纳粹的势头渐长，尽管奥地利表面仍旧民主，但是这样的暴力事件却越来越频繁。
……而面对这些，即使是最伟大的头脑也完全无济于事。
下次再让我碰见你会**更惨**，**犹太人**！
打扰了……
但是为什么
——
哎唷……
哎唷……
斯坦纳 书店
怎么了，**花蝴蝶**？
这个**犹太人**是**你的情人**？
不……
我……
不……
1935年，我听说哥德尔因为忧郁症而住进了医院。
……我并不惊讶。

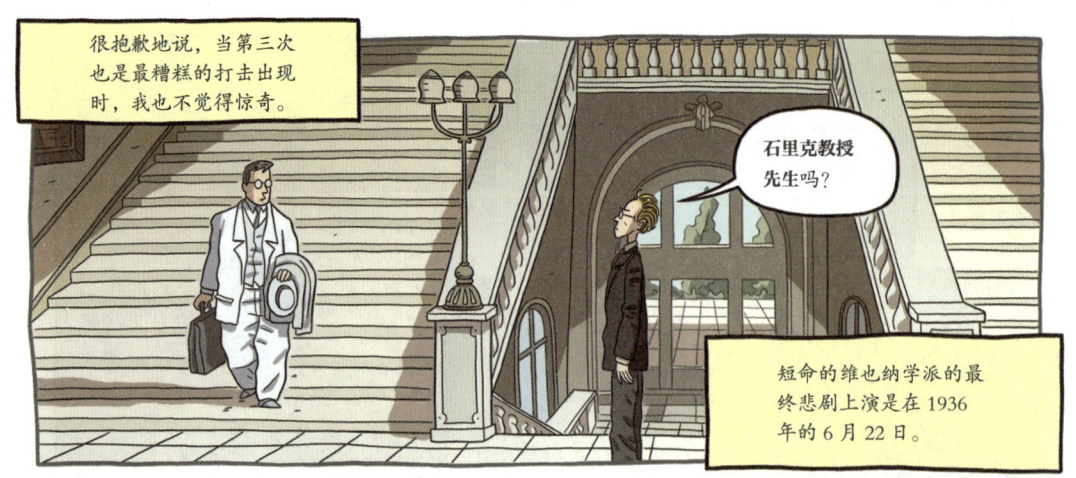

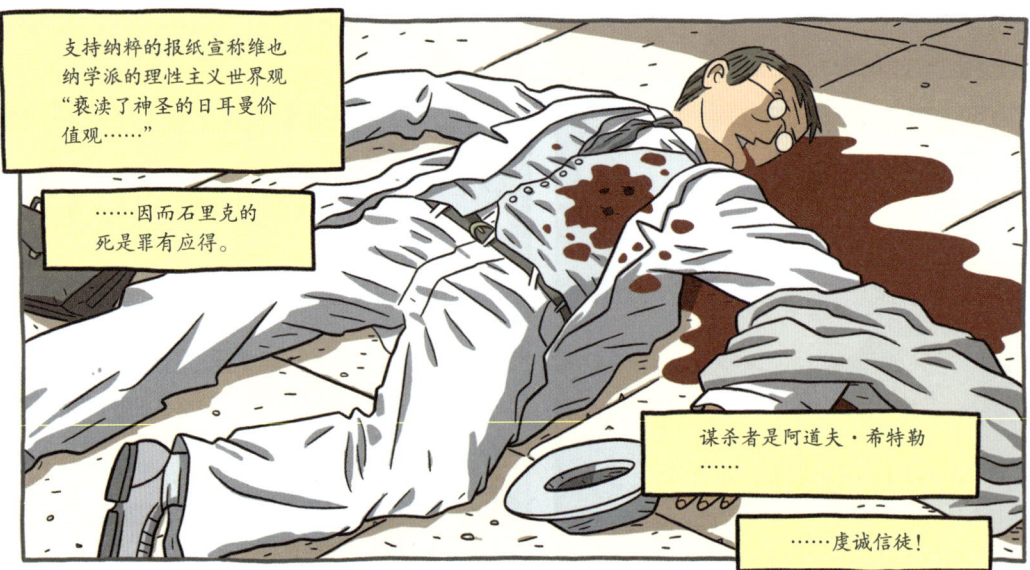

很抱歉地说,当第三次也是最糟糕的打击出现时,我也不觉得惊奇。

石里克教授先生吗?

短命的维也纳学派的最终悲剧上演是在1936年的6月22日。

我有一个礼物给你!

什——

砰 砰 砰

支持纳粹的报纸宣称维也纳学派的理性主义世界观"亵渎了神圣的日耳曼价值观……"

……因而石里克的死是罪有应得。

谋杀者是阿道夫·希特勒……

……虔诚信徒!

女士们，先生们，我要表达对你们的感谢，你们耐心地听我回顾了这个相当长的人生旅程！

这一旅程从我的儿时直到今天，从怀疑到确定……

……又再回到怀疑！

这旅程中包含着欢乐，但更多的是失望，而最近的一次失望是我意识到自己作为改革者，也失败了。

这里有一个新的，更为苦涩的"罗素悖论"……

……这个悖论的主要受害者，唉，是我自己的孩子。

约翰，你**必须**明白，这是你的学校，而且——

但这也是我的家，爸爸，而且——

没有"但是"！你要把自己看成和别的孩子一样，这里没有"爸爸"。

多拉和我创办灯塔山学校的初衷是给予我们的孩子理想的教育。

我们完全忽视了这样一个事实，在这个过程中，我们剥夺了他们的家庭和父母！

……真是失败！

什么失败，伯迪？

什么不失败？学校，为人父母，我们的婚姻，我们的——
我们的婚姻？
哦，在这一点上，我需要补充一句，我与多拉的结合在很多方面都相当前卫。
我们的关系对所有真正时尚的灵魂都是一种启发！
嗯？什么，宝贝？
哦，得了！我不介意你的情人们来访甚至在这工作……但他们非得住进来吗？
你怎么啦？你父母那个年代开明的人不就是这么做的吗？
天啊，你父母自己就是这样！
你知道吗，伯迪……我越来越觉得你不是当初和我结婚的那个人了！
嗯……我想我可以把这当成一种恭维。
很快，我离开了灯塔山，也结束了与多拉的婚姻。
如果你是疯帽子，那究竟谁制造了我的生命？
我现在意识到，我在尝试重塑人类天性的过程中，是如何被理论所蒙蔽的，而这在我的人生中，已经不是第一次了。
哦，是的。我现在明白了。人性仍旧由相同的鸡蛋构成，充满了制造相同的蛋饼的激情。

但当今世界的问题比我的家庭麻烦要更严重。

还记得吧：一年以前，希特勒的军队进入奥地利，实现了"德奥合并"……

……那个盼望已久的种族"合并"。

不——！

犹太人

新当权的纳粹统治者一上台就释放了谋杀石里克的凶手。

向第三帝国的勇士致敬！

这完美地解释了纳粹关于"正义"的定义，他们正在忙着在捷克斯洛伐克落实这个定义，而三天前是波兰，天知道谁会是下一个？

那么……

犹太人，以及其他任何不信奉纳粹价值观的人，都被残暴地集中并驱逐，至今下落不明。

……终于到了我所认为的关键问题：

什么是纳粹？

我相信，正是对**这个**问题的回答决定了你们对战争的立场。

但如何找到答案，如何发现已经降临在身边的可怕反常现象的真实意义所在？

这不是一种"**反常**"。这是经济体系的矛盾的产物！

对："纳粹主义是资本主义的最高形式！"

哈，我明白了。

但如果是这样，可不可以回答我：为什么反对资本主义的苏联会与希特勒签订互不侵犯条约。

斯大林优先考虑在自己的国家建立社会主义！

但是请回答我的问题：**你们怎么解释**纳粹？借助什么样的工具？

但我们并不**在意**如何"解释它们"，罗素教授！我们只想远离与我们无关的纷争！

不是这样！我们**得**解释！用逻辑和科学！是**它们**告诉我们要远离战争！

哈，是的，莱布尼茨的"**演算**"！

"这和**我们**有关系吗？"

但是告诉我：有关整个欧洲逐步被奴役的前景，逻辑和科学又告诉你们什么？

他认为有关系。他是一个保守的财阀。

好吧，纳粹有一个非常重要的特点……

……废除自由。

哈……"**自由**"！自由是什么？

"饿死的自由！"

"受压迫的自由！"

是的：贬损自由是已经拥有自由之人的特权。

但是我问你们……

不，罗素！现在我们想问你！

你邀请我们来参加你的演讲就意味着我们应该能了解到关于反对加入英国战争的一些事……所以我们才来的！

事实上你们已经了解了。谢谢！

所以呢？给我们的启发是……？

对！关于这场战争，你的演讲告诉我们什么了——有什么是我们之前不知道的吗？

好吧，首先，这不是一场演讲……

……这是一个故事。一个人想找到获取绝对正确答案的方法的故事……

我们来看一张莱布尼茨的图片！

……我，和这位有相同的梦想：想找到完美的逻辑方法来解决所有的问题，从逻辑一直到人类生活中的问题！

所以呢？这个故事告诉我们什么，你没有实现"莱布尼茨之梦"？

嗯，也许它告诉**每个人**的是……

"没有通往真理的皇家大道！"

请想一想：**即使**对于逻辑和数学这样确定性的典范，我们都无法保证完全**理性**，**更何况**繁复的人类事务——不管是私人的还是**公共**的！

是，但这和这场**战争**有什么关系？

直接与战争相关的……也许没什么。但是，关于你们在战争问题上的立场，它说了很多。或者，更准确地说是关于你们对自己观点的**绝对正确**的深信不疑。

但是——

等一下！我不想让你们误解：即使到了今天，我仍然认定自己是一名理性主义者！即使是**现在**，我仍旧相信逻辑是最有力的工具……

……在它力所能及的范围之内。

我们理解，你不认为它的范围有多广！

如果用它来谈论**人类生活**，那肯定不行！而且，当逻辑被凝固在包罗万象且看起来很完美的理论中时，它可能会变成一个非常邪恶的圈套！

你们**知道**，维特根斯坦有一个观点："所有的科学事实都不足以理解世界的意义！"

但也请听我说：正如这个大厅中的大多数人一样，我仍旧在试图，而且是**非常努力**地，坚持做一个和平主义者。尽管……

……希特勒要接管欧洲的思想实在让人难以忍受！

……因此，我恳请在座的所有人：在决定要不要拿起武器去面对一波又一波的欧洲动乱之前，请一定要考虑两遍——**至少两遍！**
……但是没有理性的指导，我们该如何做出决定？
哦，也许我们要回到那古老的三要素“**本能、情感和习惯**”？
即便如此，年轻人！本能、情感和习惯告诉我们的也是远离战争！
好吧，也许是时候试一下另一个古老的三要素：**责任，正义……善恶之分**。所有这些概念都被我的维也纳朋友们认为“有失严肃头脑的尊严”。
听着：把我的故事当做一个前车之鉴，当做对已经准备下的结论的反面论证。这个故事告诉你，仅仅应用公式是不够的——当你正在面对**真正**困难的问题时，**这不行！**
罗素，你始终都在逃避关键问题：**“为什么我们要**加入**英国**的战争？”
我没有逃避。我也没有说你**应该**加入——或者**不应该**。对于你当下的两难选择我只是贡献了我的故事。就是这样。
但是，教授，你知道，不存在**两难**。再清楚不过：我们不应该加入与我们没有直接关系的战争。
好的。这是一个可能的答案，你自己对我的故事的反应……
但**你的**答案呢，女士？

……你的呢？

……或者你的？

……只有你能回答。

……还有你。

……你……

……对，你……

每一个男人……

每一个女人……

你！

……现在，我们出发去看《奥瑞斯提亚》！

注释

[1] 威廉·巴特勒·叶芝（William Butler Yeats），爱尔兰诗人、剧作家和散文家，著名的神秘主义者，是"爱尔兰文艺复兴运动"的领袖，也是艾比剧院（Abbey Theatre）的创建者之一。

[2] 亚历山大（Alexander，356BCE—323BCE），亚历山大帝国皇帝，世界古代史上著名军事家政治家。

[3] 戈尔迪之结（Gordian Knot），戈尔迪是古希腊神话中小亚细亚弗里吉亚的国王，他在自己以前的牛车上打了一个分不出头尾的结子，并把它放在宙斯的神庙里，神庙说解开这个结的人就可以统治亚洲。多少个世纪过去了，而对此结都无可奈何。亚历山大挥剑将此结劈成两半。

[4] 莫里茨·石里克（Moritz Schlick，1882—1936），德国作家，哲学家，维也纳学派和逻辑实证主义代表人物。代表作《普遍认识论》。

[5] 出自美国摇滚、民谣艺术家鲍勃·迪伦的经典歌曲《答案在风中飘荡》。

[6] 冯·诺依曼（Von Neumann），见本书第335页。

[7] 德国纳粹党的武装组织冲锋队，因其队员穿褐色制服，又称褐衫军。

尾　声

在《奥瑞斯提亚》的情节之前，**复仇的循环**就已经开始。俄瑞斯忒斯的祖父**阿特柔斯**是阿尔戈斯之王，但他的弟弟堤厄斯忒斯与他的妻子偷情，所以——

哈，对。**找到那女人**！[1]

……阿特柔斯气疯了，他杀了堤厄斯忒斯的孩子们，并用他们的肉宴请堤厄斯忒斯。

我要吐了……

读者们，抱歉，神话可能会有点令人不快！

不只这部神话。不只是他们！

这些老建筑真漂亮！

之后，堤厄斯忒斯又生了一个儿子，叫**埃癸斯托斯**，这个儿子将成为他复仇的工具。

啊，是的，伊帕内玛！

此时，阿特柔斯的儿子，**阿伽门农**，已经是远赴**特洛伊**的军队首领，祭献出他自己的幼女……

……呃，其实是"**伊菲革涅亚**"！所以，他的妻子**克吕泰涅斯特拉**，与……

……她的情人埃癸斯托斯一起暗中策划,在阿伽门农从特洛伊返回时将其杀害。

……这就是《奥瑞斯提亚》的第一部。

在第二部中,俄瑞斯忒斯,也就是阿伽门农的儿子,受到天神阿波罗的指示去杀害他的母亲以示惩戒。

阿雷卡斯和赫里斯托斯呢?带妆彩排就要开始了!

俄瑞斯忒斯意识到了他所面临的悲剧式的两难:执行还是不执行复仇?他害怕自己不论做出何种选择,都会有某个神对其穷追不舍!

情况正是如此!

你知道,他最终杀死了克吕泰涅斯特拉,他的妈妈,因此,古老的复仇女神孚里埃,又叫"嗜血猎犬",要来取他的血!

听起来是个麻烦事!

是的!阿波罗的"净化"仪式没能平息孚里埃的愤怒,所以俄瑞斯忒斯来到雅典,恳求智慧之神雅典娜的帮助。

雅典娜做了一个对天神来说史无前例的改变:她让雅典的市民来做出判决,成立了一个带陪审团的法庭!

哈,他们在那儿!

……这不是结局!结局,实际上,我非常喜欢!

那是什么?

300

事实上,我**特别**喜欢!尤其是**罗素**转换到了**维特根斯坦**的观点,回答说真正重要的问题应被思考为"**不可言说的**"……

但思考的是**现实——不是地图**!

出什么事儿啦?

赫里斯托斯认为《**基础探索**》有个问题!

不对,我认为你们的版本有**两个**问题!

一、并没有失败……二、这**不是个悲剧**!

这肯定不是个喜剧,呃?

的确,有悲剧的**成分**!但结局是美满的,就好像在……在……

……《奥瑞斯提亚》里一样!

对谁来说是"美满"的?**康托尔**,精神失常了?**哥德尔**,因为多疑症生生把自己饿死了?**希尔伯特**或者**罗素**还有他们的精神病儿子?还是**弗雷格**的——

"**意义包含在结局之中**"!你自己这么说的!

所以,只需沿着"**探索**"之路再往前多走十年……

……你就会得到一个全新的,**大获全胜**的大结局……

……那时计算机被制造出来,那才是"**探索**"的**真正英雄**!

你的问题很简单,你把它看作**人**的故事了!

好吧,故事当然总是"**关于人**"的!

301

所以，选择**恰当的人**！同时展示他们**真正做的事情**！我们现在还只知道伟大的**冯·诺依曼**听到哥德尔的演讲时说了句"**都结束了**"！

但是，此时"**探索**"的真正主角才登场，**帕西法尔** [2]……

……**阿兰·图灵** [3]！

但是在某种意义上看**确实是结束了**，不是吗？砰的一声，希尔伯特的"**没有不可知**"就破灭了！

他说："好的，我们**不能证明**所有的东西！那我们就看看我们**能证明**什么！"为了定义**证明**，他在1936年发明了一台**理论**"**机器**"，它包含了**计算机的所有思想**！

……而战后，**图灵**和**冯·诺依曼**，这两个"**探索**"中最值得夸耀的骄子，把理论机器变成了真真正正的现实！

即使是在**战争期间**，**图灵**的思想也在发光发热……

?

所以，从结果上看，是**新逻辑**赢得了"**大西洋战争**"！

这怎么可以说探索是"**失败**"的？

……他把早期版本的**理论**"**机器**"付诸实践，于是**破解了纳粹**最艰深的密码！

汪！

302

不，这是一个彻彻底底的伟大胜利！而且它在美满结局中遍地开花，最开心的就是这个**理性工具**如今出现在我们**每个人**的指尖。

坐下，曼加！

唔唔

停！

汪汪

但是，对于计算机而言，**没有什么开心或不开心**！它们**不过是工具**！就像刀子，它们可以——

我不同意！互联网是实现和平、民主和自由的主要希望！

该死！

可网上还有**武器、赌博和儿童色情**！

的确，它有**两面**……

那么，哪一面更正确呢？

我们呼叫"雅典的陪审团"来裁决一下怎么样？

过来，曼加！！！

嘭！！！

啊啊啊啊啊……

孚里埃欢迎你们来看《奥瑞斯提亚》！

面具真棒！

瞧，《奥瑞斯提亚》和"探寻"可以进行完美的类比！那里是残暴的国王统治——这里是希特勒！那里是复仇为纲的道德准则和老式的神——这里是战争和种族仇恨的非理性！

……恰恰是雅典娜的理性以及民主政体的革新打破了杀人的循环——那里是这样！而这里，图灵用它的逻辑机器击败了希特勒！

然后为了感谢图灵，他那民主国家宣判他接受“同性恋治疗”，把他逼向了自杀的绝路！
“没有现成的解！”
……不过他那个时候还没有编程，是吧？
停——下——来！
正如伯迪说的：“没有完美的解！”
唔……计算机的故事也许可以作为这本书的一个很棒的结尾。
你这只愚蠢的疯狗！
怎么了？
那可是一本全新的书，而且，对那本书来说，这不过是个序言！
你看到了吗？它差点把那只可怜的鸟弄死了！
幸好我及时救了它……如果它能从惊吓中缓过来的话！
嗯……我认为……
这是一个更有趣的结尾……受到孚里埃的呼唤，这只狗要吃掉智慧之鸟！
嘿，马上开始了！
读者们……
……要正式地说再见，我会觉得特别难过……
……所以，你们将从一位更伟大的艺术家那儿听到真正的大结局！

现在，孚里埃，了结这个案子！

如果你们将这个**杀了自己母亲的人**无罪释放……

神圣的雅典娜，我们要给你的所有**市民**一个可怕的警告！

……她的**血**将永远悬在你们的**头顶**！！！

好像这个案子还不够复杂似的，这些可怜的陪审员还得考虑到孚里埃的愤怒！

就像"二战"时的美国人：如果他们决定帮助英国，就会惹上希特勒的愤怒！

没有什么"容易的问题"！

两边都陈述充分了吗？
我们说完了！杀人者已被古老之法定为死罪！
我已经说过了：我是有正当理由的复仇。
现在，雅典的陪审团投票吧。
哦，黑暗之母，你在注视这一切吗？
要么我们声名远扬，要么我们就此垮掉……
哦，黑夜！指引陪审团走向古老之法！
哦，神啊……他们会怎样投票？他们的行为决定了我是生还是死！
现在，公正审慎地计算选票！
看看这些“智慧的雅典人”怎样裁决这个杀害母亲的人！
艺术作品太神奇了！
“思考”在这儿作用不大。
……是的，他杀害的那个人，他的母亲，因女儿被丈夫所杀而杀了自己的丈夫！

神圣的雅典娜,计算结果!票数相等!

那么…… 就由我来给出最终的裁决!

……我决定……

……把我的票投给俄瑞斯忒斯!

他被判无罪!

哦,女神,您解救了我!

哦,你…… 你……年轻的神!

我们失败了!

哦哦哦……

你破坏了我们的古老法律!

嗷——

啊啊啊啊啊!我在痛苦中尖叫!

黑夜之女,他们凌辱了我们!

啊啊……他们损毁了我们的荣誉!

雅典人,我满载愤怒的仇恨转向你们!

这个雅典娜是智慧女神?

嗷——

……判处这个凶手无罪?

第一格：
- 嗯，要有一个新的开始，就必须在某处来一个彻底的了结!
- 她需要创建新的"公理"，尽管……
- 剧情还没结束!
- 孚里埃，不要蔑视这个审判! 你们没有被辱没——不要再追寻复仇了!
- 啊啊啊啊啊! 嗷……
- 雅典娜藐视了我们! 我们古老的智慧被玷污了!

第二格：
- 我会宽容你们的愤怒，因为你们是长者，也因此更加智慧……但不要因此而误入歧途!
- 取而代之，我向你们发出邀请：把雅典当成你们的家! 我保证，我的市民会尊敬你们!
- "尊敬"我们? 他们的陪审团藐视了我们!
- 当心! 她充满了诡诈!
- 哦哦哦……
- 年轻的神，欺诈高手! 嗷嗷嗷——

第三格：
- 孚里埃，请尊重化身于公正中的说服力和神圣的理性力量! 留在我的城市! 做好事，得好报!
- 这又是什么新花招?
- 给"另外一半"以发言权的招数。

308

与拿走的相比，你的城市又能给予什么？有什么能替代被你强夺的权利？
如果有哪个男人或女人从未感受过你们的愤怒，那他们将对生命的真谛完全无知。
所以，留下来吧，用你们的才智来充实我的智慧！留下来和我一起引领我的城市！
她不是猫头鹰，这个雅典娜……她是狐狸！
你们将和我肩并肩地受到尊敬……肩并肩地引导我们的市民奔向好的生活！
我保证你们这样的权利！！！
哦哦哦……她的魔力正在起作用！
我感觉我的愤怒消失了，姐妹……
你说什么，姐妹？
我说我们最好接受她的邀请！
我也这么想！
我们同意，宙斯之女！我们，孚里埃，接受你的邀请，所以……
我们将和你生活在一起，永远！
问题完美地解决了！
她说，要获得智慧，你必须……
……同时容许很多通常被弃之不顾的不明智！
来吧！不再狂怒，而是仁慈，用你们的慈悲来护佑这座城市！

我们，**黑夜之女**，为所有生活在这里的人进行**神圣祷告**……

希望残酷的冲突永远不会在这个**城市**中咆哮，永远不再有复仇引起的嗜血战争！

希望大地**慷慨**，赐予美满的丰收！希望土地喷发出饱满的果实！**市民**喜乐，在灿烂辉煌的**太阳**下欢歌庆祝……

……不要忘记向不期而遇的幸运之神赫耳墨斯致敬！

喜乐！喜乐！喜乐！热爱真正的智慧的快乐**市民**！！！

注释

[1] 找到那女人：Cherchez la femme，语出悬疑电影《黑色大丽花》。
[2] 帕西法尔（Parsifal），亚瑟王传奇中寻找圣杯的骑士。
[3] 阿兰·图灵，见本书333页。

非常感谢给予我帮助的朋友们：
阿丽奇·察柏尔、多卡斯·卡彭泰斯、阿夫拉姆·卡瓦、
玛格丽特·梅茨赫尔、阿波斯托利亚·帕帕达玛奇、季米特里斯·西弗里柯泽斯、
克洛伊·提奥多罗帕洛、帕纳约蒂斯·伊安诺普罗斯

《疯狂的罗素》与现实

《疯狂的罗素》一书的灵感来自于追寻数学基础的故事，这一追寻的黄金时段从 19 世纪的最后几十年一直持续到第二次世界大战的爆发。尽管书中涉及的大多是真实人物，但这本书绝不是——也不想成为———部历史著作。它是——也希望如此——一本图画小说。

在重构伯特兰·罗素的人生的具体过程中，我们徜徉在大量的资料中，选择、削减、简化、解释，而且经常还有所发挥。同时，尽管我们已经让主要人物尽可能地接近他们的真实人生，但是为了让叙事更连贯和有深度，我们还是在不只一处背离了真实生活中的细节。这些发挥大多和没有史料依据的会面有关。有些情况下，还有历史证据显示这些会面根本就没发生过。但这些虚构出来的会面都是依托于包含其中的思想者之间的真实智力互动，只不过在现实生活中是借助书信和公开出版物的形式。

在这些与现实存在偏差的例子中，有些是与现存的证据相背离，有些则缺乏证据。可以肯定罗素并未与弗雷格或康托尔会过面；也没有迹象表明罗素出现在希尔伯特 1900 年发表他的重要演讲《数学问题》的现场，尽管在那之前的几天罗素肯定在巴黎，并出席了在巴黎举办的哲学大会，还在那里遇到了皮亚诺；也没有证据表明罗素出现在哥德尔做关于不完全性定理报告的现场——他可能没去，希尔伯特也肯定没去，尽管冯·诺依曼肯定去了，而且随后还说了："一切都结束了。"尽管书中弗雷格对犹太人偏激诽谤言论出现的时间与实际不一致，但弗雷格在本书中所交待的时间之前的几年的确写下过这些内容。

对历史敏感的读者可能会有兴趣发现更多这样的偏离事实之处。作为本书的创作团队，我们在画家多明尼克斯·狄奥托科普洛斯（又名艾尔·格列柯）解释了他在画作《托莱多风景》(Storm over Toledo)中所采取的自由度的言论中得到安慰：

我认为有必要缩小唐璜塔贝拉医院的尺寸，不仅因为它挡住了比萨格拉的大门，还因为它的圆顶太高，穿过了这座城市的轮廓线。既然我已经把它缩小并移动了它，我就想最好展现它的正面，而不是其他几面。至于它在城里的实际位置，你可以翻阅地图。

还有，我们必须说明：除了为适应本书这类叙事作品的形式而进行的必要简化，我们对构成本书主线的伟大的思想探索的内容没有任何发挥，既没有改变核心问题、概念，甚至更重要的是，也未改变缠绕其中的哲学、生存以及情感上的挣扎。

笔 记

以下的注释并不是享受书中乐趣所必需的,但却给出了书中人物和思想的一些补充说明。用蓝色标出的名称或词组,本身也是这里的一个词条,而楷体或英文*斜体*,如果不是用来强调,则表示技术术语。

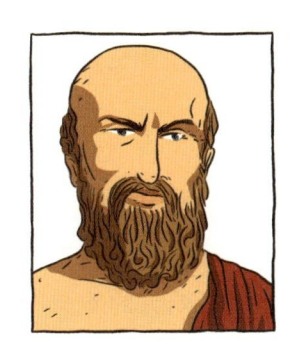

埃斯库罗斯(Aeschylus,525BCE—456BCE)古希腊三大悲剧作家之一,索福克勒斯(Sophocles,496BCE—406BCE)和欧里庇德斯(Euripides,480BCE—406BCE)的前辈。就目前所知,埃斯库罗斯是悲剧体裁的开创者,在他之前,古希腊戏剧都采用一位主演配以合唱队的表演形式,埃斯库罗斯在这样的表演中加入了第二位演员,改变了传统模式,也因此创造了戏剧的对话技巧。埃斯库罗斯出生于雅典附近的埃莱弗西斯,为抵抗大流士军队的入侵,他曾在马拉松战役(公元前490年)和萨拉米斯战役(公元前480年)中参加战斗,后一场战役为他存世作品中最早的一部戏剧《波斯人》(*Persians*)(公元前472年首演)提供了主题。埃斯库罗斯一生创作了79部戏剧,但只有7部传世,其中的3部构成了《奥瑞斯提亚》三部曲。

算法(Algorithm)一种以完全无歧义的指令来描述的系统化的分步程序,从特定的初始条件开始,最终结束于想要的结果。尽管没有理由认为一本书写清晰明了的烹饪食谱又或者寻找某个地理位置或地址的指令不是算法,但算法这个术语来源于数学,并仍主要用于数学领域。"算法"一词来源于欧洲人对9世纪巴格达天文学家和数学家花拉子密(Al Khwarizmi,AD780—AD850)的名字的改写,花拉子密汇编并倡导使用算

315

法，而他所收录的算法中有很多都是他自己构造的。他收录的算法编辑而成的《代数学》（Hisab al-jabr w'al-muqabala）被公认为是第一部代数学专著，而单词 algebra（代数）这一词的词根就来自于 al-jabr。我们小学学过的两个整数的加法就是数学算法的一个简单例子：写出两个数，一个数在另一个数的下面，且两数右对齐；从最右边的位开始相加；如果它们的和小于 10，就把和写最右位的两数的正下方；如果它们的和大于 10，就把和的第二位写最右位两数的正下方，和的第一位与紧挨最右位的左位上的数相加。还有很多这样的例子。**欧几里得**在《几何原本》（Elements）中给出的计算两个非负数的最大公约数的方法，可能算是西方最早的复杂算法了。15 世纪的西方，与罗马计数系统有很大不同的十进制被引入，由于十进制能够经得起与前面例子类似的快速运算，它一经引入就得到了突飞猛进的发展。数值算法在科学和技术革新中位于核心地位。今天，算法通常用称为编程语言的先进记法来编写，它们通过互联网来传播，并由它们构成了作为计算机和互联网的骨干、支撑和平台的软件。

亚里士多德（Aristotle，384BCE—322BCE）亚里士多德出生于希腊哈尔基季半岛的斯塔基拉，他与柏拉图（Plato，427BCE—347BCE）是最有影响力的希腊哲学家。在离开柏拉图的学园后，亚里士多德发展了自己的哲学，与他的老师柏拉图不同，他强调对现实进行系统的观察，并尝试建构了一般的，归纳的规律。也许亚里士多德最经久的贡献就是在一系列的著作中将**逻辑**系统化并进行详细的阐释。这些著作包括《范畴篇》(The Categories)、《解释篇》(On Interpretation)、《前分析篇》(The Prior Analytics)、《后分析篇》(The Posterior Analytics)、《论辩篇》(The Topics)、《辩谬篇》(Sophistical Refutations)，后来的评论者们将它们汇编为《工具论》(Organon)。这些著作构成了 19 世纪前逻辑研究的核心标准内容。亚里士多德逻辑的核心在于用三段论中把没有歧义的陈述进行组合来生成与原陈述不同但又可从原陈述中必然得出的新陈述。亚里士多德强调第一原理的概念，认为任何逻辑探索都必须由此开始。这一观点使得他在数学领域也有着巨大而持久的影响，第一原理在数学中化身为**欧几里得**的**公理**概念，即每个理论都必须由公理开始。

雅典娜（Athena）、古希腊智慧女神，也是艺术和城市之神。雅典娜是从众神之父宙斯的头上掉出来的，出生时即全身披挂盔甲，是宙斯最喜欢的孩子。雅典娜是古雅典的守护神，深受雅典人的爱戴，在神话中，她把橄榄树作为礼物送给了雅典人。雅典卫城中心的帕特农神庙就是用来祭祀她的，帕特农（The Parthenon）一词来源于parthenos，意为"处女"。雅典娜在埃斯库罗斯的三部曲《奥瑞斯提亚》中给出的由陪审团进行审判的雅典民主起源神话中扮演了关键的角色。与之前由一个统治者的绝对权力生发的司法权威相对立，由陪审团审判的雅典民主基于的是理性。

公理（Axiom）自欧几里得（他沿袭着亚里士多德的逻辑哲学在工作）时期起，数学家就认同：一个可行的理论一定会依据某些（很少数）公认不需证明的第一原理。这是一种逻辑必然性，如不想这样，一方面，会陷入无穷倒退（一个理论建立在另一个理论基础之上，永无休止）；另一方面，需要迂回思考（要构建陈述句的证明，需首先间接假设第一个陈述句是真的）。直至19世纪，公理才被普遍认为是关于世界的不证自明的真理，这一观点在弗雷格关于公理是对隐蔽的现实的想法中也基本上是有效的。然而，希尔伯特之后，在由他的思想发展而来的形式主义的数学哲学学派的影响下，公理逐渐被认为是独立于任何外在现实的一种存在，对公理化系统的唯一要求是：个体公理的语法正确性（换言之，符合用来表达它们的逻辑语言中的合适公式的定义）和独立性（在某个具体理论下，不会被其他公理推出），以及，如果把所有公理看成一个集合的话，其内部的一致性。

乔治·布尔（George Boole，1815—1864）布尔大体上算是一名自学成才的数学家，他后来成为了爱尔兰科克皇后学院的数学和逻辑教授。他对数学的巨大贡献是在逻辑领域。在他的著作《思维规律》（*An Investigation of the Laws of Thought*）中，布尔发表了如下想法：逻辑命题可以用纯粹的符号语言来表示，在这样的语言下，这些命题可以通过算子进行运算，

就像初等算术的运算一样。布尔工作的核心即命题演算的想法，其构造多少与**莱布尼茨**所想象的有相似之处。互联网上的"布尔搜索"就包含了对逻辑联结词"与"、"或"和"非"的使用，这可以直接溯本求源到他的想法。然而，尽管他在数学化逻辑论证方面的工作很有价值，但是布尔的工作完全以**亚里士多德**的经典模型为内核，他对逻辑自身的研究并没有提出任何伟大的见解。在布尔的系统中，X 和 Y 这样的符号（它们本质上是只能取值为 0 和 1 的变元）通过前面提到的三个联结词及亚里士多德所设想的"蕴涵"联结词来联结。[有趣的是，斯多葛学派的克吕西波（Chrysippus），279BCE—206BCE 早已在公元前 3 世纪就识别出了这些联结词。] 应用如下三个代数恒等式，逻辑学家得以简化逻辑表达式，并由此推导出有用的结论：

（X 或 Y）=（Y 或 X）
非（非 X）= X
非（X 与 Y）=（非 X）或（非 Y）

这一逻辑形式化缺乏的是表达命题之间的语义联结的能力。例如，上面给出的 X、Y 没有办法去指代命题："柏拉图比苏格拉底老"和"苏格拉底比柏拉图老"。这一弱点在**谓词演算**中得到了补救。

格奥尔格·康托尔（Georg Cantor，1845—1918）康托尔曾经师从于他那个时代最伟大的一些数学家，包括理查德·戴德金（Richard Dedekind，1831—1916）和卡尔·魏尔施特拉斯（Karl Weierstrass，1815—1897）。其职业生涯中最辉煌的部分是在哈雷大学教书那段时光，他在那写下了展现**集合论**思想巨大威力的开创性论文。他最有名的定理是实数集（数轴上的所有数，即自然数 1，2，3，… 小数，包括 0 和负数）是不可数的，换句话说，不能与自然数 1，2，3，… 一一对应。而与之相反，正如康托尔所证明的，所有有理数组成的集合（即所有自然数的分数，如 2/3 或 11/476）是可数的，且能够与自然数 1，2，3，… 一一对应。由于可数集和不可数集都有无穷多个元素，康托尔的结果本质上证明了存在不同种类的无穷。由于他的定理极端反直觉，也完全出乎意料，这些定理在数学共同体中引来了更多对集合论的质疑。

虽然当时的数学巨匠**大卫·希尔伯特**是康托尔最有力的支持者之一，但康托尔的老师、伟大的数学家利奥波德·克罗内克（Leopold Kronecker，1823—1891）以及数学巨匠**亨利·庞加莱**（Henri Poincarè，1854—1912）对集合进行了强烈的批判。在实数集合中辨别出一大一小两个不同"尺寸"的无穷，带来了是否还存在第三种类型的无穷的疑问：是否存在实数集的子集，它既不可数，又不与实数一一对应？康托尔猜想这样的子集并不存在，这一猜测直到今天仍被称为"连续统假设"，连续统是数轴的另一个名字。康托尔花了很多年试图**证明**"连续统假设"，但没能成功。1940年，**库尔特·哥德尔**证明了"连续统假设"与当时通行的集合论公理化系统是相一致的（这并不意味着给出了它的证明）。1963年，年轻的美国数学家保罗·科恩（Paul Cohen，1934—2007）证明了连续统假设与集合论公理是相互独立的，即从集合论公理化系统无法得到连续统假设的证明，或者说，集合论**公理**与连续统假设的真或假都能相一致。由于这一发现，科恩获得了有"数学诺贝尔奖"之称的菲尔兹奖。康托尔困扰于严重的情绪问题，多次因忧郁症入院治疗。有些数学史家将之归因于一些数学家对集合论的敌对反应，另一些数学史家则将之归因于他徒劳地证明连续统假设而产生的经常性的焦虑。在生命的最后几十年里，康托尔并没有做数学工作，他笔耕不辍，试图去证明两个奇怪的理论：（1）莎士比亚戏剧其实是由伊丽莎白时期的哲学家弗兰西斯·培根（Francis Bacon，1561—1626）爵士写的；（2）基督是亚利马太人约瑟的儿子。第二个说法是很多圣杯传说的基本组成部分，是秘传的标准部分。康托尔于1918年在一个精神病院离世，他当时被强迫拘禁在那里。

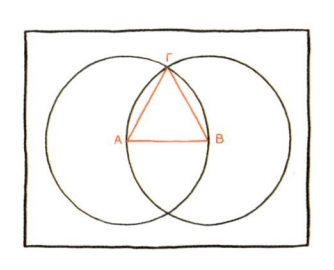

欧几里得（Euclid，325BCE—265BCE），欧几里得是最早的现存著作由其本人完成的希腊数学家——更早期的数学家的定理都是由他人转录而流传下来的。他在亚历山大城工作和生活，与那儿的图书馆关联紧密。他的杰作，《几何原本》，已成为二十三个世纪以来最畅销的图书，是西方紧随《圣经》（Bible）其后的版本最多的书。虽然书中出现的很多定理也许并不是欧几里得自己的发现，但是他对他所处年代已有的数学结果进行的编辑、分类和展示，且完全由他自己完成。《几何原本》是一幢宏伟的概念大厦，它受到**亚里士多德**及其在**逻辑学**方面的工作启发，以定义、第一原理和**公理**（欧几里得的希腊文原文使用的是 *aitêmata*，字面的意思是"要求"）为出发点，通过严格的**证明**进一步得到所有的定理。尽管后来的逻辑学生，尤其是开始对**数学基础**进行探索的年代及之后的学生们，对欧几里得过于依赖关于几何学的洞见，或者说，在公理之上加了太多想当然的东西做出了批评，但不可否认《几何原本》的影响巨大，被当做数学方法的源头也恰如其分。

数学基础（Foundations of Mathematics）

从毕达哥拉斯时代起，数学家们就在反复思考数学真理的本质、数学实体的本体论、**证明**有效性的原理，以及，更一般化的，对数学的理解。从启蒙运动一直到 19 世纪中叶，当时流行的科学观念把数学看作通达最终的、绝对的、完全独立于人类认知和理解能力的真理的唯一途径。数学的基本概念被认为是反映了宇宙的本质属性，而定理则是关于更高阶的现实的真理。这种对数学的绝对信仰体现在把这一学科奉为"科学的女王"，而有意思的是，之前这一头衔是授予神学的。这一观点通常被称为数学柏拉图主义，在柏拉图的超验理论（*eidê*）中可以找到其根源，而这些根源中至少有一部分来自更早的毕达哥拉斯（Pythagoras，570BCE—495BCE）。然而，到了 19 世纪，这种传统信念在一些人的头脑中被削弱，并最终导致了数学领域严重的基础危机。导致这一信仰消失的第一个发现被定为在文艺复兴时期，那是虚数的出现，例如 -1 的平方根就是一个虚数。19 世纪，非欧几何的出现加强了反对"不证自明"的**公理**的论证。在所有数学概念中，最令人头痛的就是无穷概念。最早在芝诺悖论中，无穷的数学处理问题就已经被隐约的提到；18 世纪，微积分的发现，以及无穷小这一反直觉又不够清晰的概念的使用，使这个问题又重新浮出水面，并在 19 世纪的最后 20 年里达到高峰，尤其是**集合论**以及**康托尔**关于无穷集合的结论出现以后。这一问题借由集合论——尤其是**罗素悖论**——而充分显露，逐渐累积成对"不证自明"的真理的怀疑，也间接导致了对所有数学知识的价值的质疑。而正是要克服这些怀疑的愿望，激起了对安全的数学基础的探索。1920 年初，**希尔伯特**纲领提出了基础梦的最乐观的版本：建立关于全部数学的形式系统，包括证明这个公理化系统是一致的（即不产生矛盾）、完全的（没有不可证的真理）和可判定的（通过**算法**集的应用，在所有情况下都可判断一个公式是否可由公理推出）。

戈特洛布·弗雷格（Gottlob Frege，1848—1925）弗雷格生于 1848 年，他人生中与数学有关的时光大部分都是在耶拿大学任教期间。弗雷格被公认为是现代**逻辑**之父，他在其 1879 年出版的专著《概念文字》（*Begriffsschrift*）中首次阐释了现代逻辑的概念和方法。与追随**亚里士多德**的早期逻辑学家们不同，在这本书中，弗雷格在逻辑陈述中明确引入了变元概念。在如"苏格拉底是人"这种老式陈述的位置上，他引入了像"x 是人"这样的命题①。对 x 赋予不同的值，这些命题可以为真或为假。具体到这个例子中，如果 x 是"阿莱克斯"，则命题为真；如果 x 是"曼加"，则命题为假。弗雷格还发明了量词的概念：全称量词（记作"$\forall$"），表示"对每个 x"陈述都为真；存在量词（记作"$\exists$"），表示"存在一个 x"使得陈述为真。他后来把自己的新逻辑系统用于探索**数学基础**。他的《算术基础》（*Grundgesetze der Arithmetik*）是逻辑主义学派的第一部伟大著作，其中心思想是数学本质上是逻辑学的一个分支。《算术基础》的第一卷发表于 1893 年，第二卷发表于 1903 年，其中包含了关于**罗素悖论**的附录。尽管弗雷格的逻辑符号体系由于特别繁复而被放弃，但他的大多数基本概念和方法都被保留下来，并仍旧充当着现代逻辑的基本骨架。在《算术基础》之后，弗雷格没有再做任何重要的基础性工作。在其生命的最后几十年，他变得越来越偏执，写了一系列的文章攻击议会民主制、工会、外国人特别是犹太人，甚至建议对"犹太问题"实施"最终解决方案"。他于 1925 年去世。

库尔特·哥德尔（Kurt Gödel，1960—1978）哥德尔出生于摩拉维亚（Moravia）的布隆镇，那里当时是奥匈帝国的一部分（现在的捷克共和国的布尔诺市）。哥德尔在维也纳学习数学，在那，他开始着迷于**数理逻辑**和**数学**

---

① "x 是人"更准确的说法应该是命题函项，其取值随 x 的变化而变化，只有 x 有确定取值后才能成为命题。

基础问题。在他的博士论文中，他通过证明完全性定理而对**希尔伯特**问题的解决有所推进，这一结果表明，**弗雷格**的一阶逻辑中的所有逻辑有效式都可以通过一集简单的**公理**得到证明。1931年，他证明了二阶逻辑——即强大到足以支持算术或者比之更复杂的数学理论——的**不完全性定理**。哥德尔成为了**维也纳学派**最年轻的成员之一，然而他对数学现实是独立的、柏拉图式的存在有着根深蒂固的、理想主义的信念，这使他最终远离了其他持经验主义世界观的维也纳学派成员。在将近40岁的时候，哥德尔两次因严重的忧郁症住院。德奥合并（即纳粹德国吞并奥地利）之后，1940年，他设法与妻子一起逃离了这个国家，穿越西伯利亚抵达美国。他成为普林斯顿高等研究院首批成员，并在那里度过了余生。在这段时间里，他最重要的数学成果是证明了**康托尔**的连续统假设与**集合论**公理是一致的（即，如果连续统假设为真，它与集合论公理不会产生矛盾）。在普林斯顿，哥德尔与阿尔伯特·爱因斯坦成了非常亲密的朋友，他们曾一起探讨过相对论，建立了一个在其中时间旅行可以成为物理现实的不膨胀、旋转的宇宙的数学模型。哥德尔晚年变得越发偏执。1978年1月，哥德尔在普林斯顿医院去世，他在那里接受的其实是并不危及生命的泌尿系统疾病的治疗。他的死因是营养不良：因为担心医护人员会毒害他，他拒绝进食。

大卫·希尔伯特（David Hilbert，1862—1943）希尔伯特出生于普鲁士的哥尼斯堡（现在是俄罗斯的加里宁格勒），他生命中的大部分时光都是在哥廷根大学度过的，那是当时世界上最著名的数学中心。他是历史上最伟大的数学家之一，他与**亨利·庞加莱**齐名。在很多的数学分支中他都做出了巨大贡献，包括不变量理论、代数数论、泛函分析、变分法的计算、微分方程理论等，他同时还开拓了证明的新方法。1899年，他出版了《几何基础》（*Grundlagen der Geometrie*），这本书通过新的**公理**，给几何学添加了坚固的基础，改进了**欧几里得**的工作。1900 年，他在巴黎召开的国际数学家大会上发表了著名的演讲，他以提出等待解决的 23 个伟大的数学问题的方式，对 20 世纪的数学做了一个鸟瞰。这些问题就是著名的"希尔伯特问题"，到如今，其中 11 个问题已经完全解决，7 个问题部分解决，剩下的 5 个则仍未被解决——在这些遗留的问题中，最著名的就是第 8 个问题"黎曼假设"。第 2 个问题是算术一致性的证明（完全性被认为或多或少是显然的）。正是这个问题，激发了关于算术基础和逻辑结构的大量工作，包括**哥德尔**的工作。到了 20 世纪 20 年代，他之前几十年关于**数学基础**的想法累积在一起，最终形成了"希尔伯特计划"，这一计划要在一个公理化系统中形式化所有的数学，同时要给出这个公理化系统的一致性证明。希尔伯特的行动理念是"数学中没有不可知"（即没有"我们将会不知道"的）和"我们必须知道，我们将会知道"（这后一句话恰恰是在哥德尔首次发布其**不完全性定理**的几天前说的），勾画出了数学基础乐观主义的精髓。虽然哥德尔、**阿兰·图灵**和阿隆佐·丘奇（Alonzo Church，1903—1995）的证明结果终结了希尔伯特的宏大抱负，但该计划对逻辑和基础问题仍旧有着巨大的影响，特别是对证明论的发展影响巨大。尽管希尔伯特在外表和行为上给人的印象是正常的、心理健康的典范，但是他对待他唯一的儿子弗兰兹的方式却让人质疑。当他 15 岁的儿子被诊断出患有精神分裂症时，希尔伯特将儿子送到了精神病院，从此从未去看过他，他的儿子在那里度过了余生。

不完全性定理（Incompleteness Theorem），1931 年，25 岁的**库尔特·哥德尔**证明了两个定理，这两个定理有时被统称为"不完全性定理"，尽管偶尔"不完全性定理"也用来指代两个定理中的第一个。逻辑系统具完全性是说每一个该系统的合式（即根据系统的规则是语法正确的）命题都可以根据该系统的**公理**被证明或证伪。哥德尔在这两个定理之前证明的完全性定理展示了一阶**逻辑**存在一个简单的满足这一性质的公理系统。但是，**希尔伯特**计划的"圣杯"是构建一个支持算术（即整数数学）的完全且一致的公理系统。如果有这样的系统，则需要二阶逻辑，即构建一个能够接受**集合**作为变元的值的系统。哥德尔在他的知名论文"论《**数学原理**》及有关系统中的不可判定命题"中给出的证明震惊了整个数学界，其结论显示，任何以《数学原理》中的形式发展出来的关于算术的一致的公理系统必然是不完全的。更精确地说，两个不完全性定理中的第一个证明了，对于一个丰富到能够描述整数和普通算术运算的性质的逻辑公理系统，总存在根据系统规则语法正确且为真，但不能在该系统中证明的命题。第二不完全性定理陈述的是，如果这样一个系统能够证明自身的一致性，那么该系统是不一致的。这一新定理对希尔伯特计划造成了毁灭性打击，希尔伯特计划本来的目标是建立一个能证明自身一致性的足够强大的公理系统。

直觉主义（Intuitionism）这是由伟大的荷兰数学家鲁伊兹·布劳威尔（Luitzen Egbertus Jan Brouwer, 1881—1966）创建的数学哲学学派，尽管有些人认为坚信直觉在数学中的作用的亨利·庞加莱才应该是先驱。直觉主义基于直觉和时间是数学的基础这样的信念，认为建立一个当下或希尔伯特意义上的形式化的数学是不可能的。与弗雷格和罗素这样的逻辑学家意见相左，布劳威尔确信逻辑是建立在数学之上的，而不是反过来的数学建立在逻辑之上。同时，他完全反对格奥尔格·康托尔得出的那些集合论定理，他认为那些定理构造存在问题。像排中律这样的历史悠久的神圣逻辑律以及像归谬法这样的自古希腊以来就一直使用的数学技术在直觉主义这里受到审判，并被认为是"有罪的"。事实上，布劳威尔认为，所有在证明中使用了这些规则的定理——其中会涉及数学对象的无穷集合——都应从数学主体中去除，正是由于这一观点，杰出的英国逻辑学家、数学家弗兰克·拉姆齐（Frank Ramsey, 1903—1930）将直觉主义称为"数学激进主义"。尽管布劳威尔的逻辑和数学被他的学生阿伦德·海廷（Arend Heyting, 1898—1980）形式化了，布劳威尔直到生命的尽头仍旧怀疑任何这样的尝试。

戈特弗里德·莱布尼茨（Gottfried Leibniz, 1646—1716）莱布尼茨是一位伟大的德国哲学家、数学家、科学家和逻辑学家。莱布尼茨曾效力于几位德国统治者，担任过外交官、政治顾问和历史学家，这期间他从未中断过理论研究。他与艾萨克·牛顿（Isaac

Newton，1643—1727）同时但又分别独立地发明了微积分，还给出了直到今天仍在使用的运算符号。他是哲学乐观主义的强力支持者，他的理论是"我们的世界是所有可能世界中最好的"，是既有爱又全能的上帝创造的。他被认为是**亚里士多德**之后、**布尔**之前的最重要的逻辑学家，设想了推理演算。这是一种可计算的命题逻辑，能够完全严密和理性地作出决策，从而消除（莱布尼茨认为的）理性人之间的所有的分歧。遗憾的是，莱布尼茨并未设法去实现这个他所有设想中最令人期待的想法。

逻辑（**Logic**）该术语涵盖了一个广泛的学科范围——这并不意外，因为它源于希腊文中语义最丰富的词之一：logos，其部分含义是单词、演讲、思想、理由、比例、合理性和概念等——不过对该问题最好的描述可能是对系统思考、演绎法和证明的研究。**亚里士多德**在《工具论》中对被称为三段论的演绎推理模式做了广泛的研究，三段论在超过 2000 年的时间里都被与逻辑思维等同看待。直到 19 世纪中期之前，逻辑学一直被认为是哲学的一个分支。但随着**布尔**和他的命题代数的出现，更重要的是，**弗雷格**和他的《概念文字》中导出的**谓词演算**的出现，逻辑学越来越多地进入了数学领域。新的逻辑既揭示了这一主题的数学本质，又显露出它在创建坚固的**数学基础**过程中的潜在作用。逻辑主义这一由弗雷格创建、**伯特兰·罗素**作为主要成员的数学哲学学派，其基本观点是，数学的全部都可以归结为逻辑，换言之，数学本质上是逻辑的一个分支。在经过多年对基础的探索之后，尤其是在**哥德尔**的结论得出之后，逻辑成为了处于哲学和数学交界的、得到良好发展的跨学科领域。20 世纪下半叶，并无预期的，人们发现了逻辑学在计算机科学领域的应用，它为软件和硬件的设计与验证，以及数据库和人工智能的开发提供了坚实的基础。

《奥瑞斯提亚》（*Oresteia*）由**埃斯库罗斯**创作并于公元前 458 年在雅典的戴奥尼索斯剧场首演，那一年是这位诗人去世的前两年。它是唯一现存的古希腊戏剧三部曲——尽管计划在三部曲之后上演的讽刺剧《普罗忒斯》（*Proteus*）已经失传。《阿伽门农》（*Agamemnon*）是三部曲中的第一部，一开场，阿伽门农这位著名的英雄、特洛伊的希腊军队的首领，旗开得胜，带着被俘的女先知返回他的家乡阿尔戈斯。尽管她的妻子克吕泰涅斯特拉对他的归来表现得非常高兴，但她其实另有计划。她和她的情人，阿伽门农的堂弟埃癸斯托斯合伙谋杀了阿伽门农，并成为阿尔戈斯的新君主。在三部曲的第二部《奠酒人》（Libation Bearers）中，女人们伴着阿伽门农的女儿厄勒克特拉（Electra）来到她父亲的墓前一起合唱。绝望的厄勒克特拉想要复仇，唯一能够帮助他的就是她被流放在外的弟弟俄瑞斯忒斯。俄瑞斯忒斯秘密返回阿尔戈斯后，他和厄勒克特拉计划并执行了对埃癸斯托斯的谋杀，此时，一个具有超高戏剧性的场面出现了——克吕泰涅斯特拉在他出鞘的剑前袒露出胸部，俄瑞斯忒斯杀死了她，他自己的母亲。第三部剧叫《复仇女神》（Eumenides）（又称《善好者》），是戏剧史上最不寻常的戏剧之一，剧中的语言部分——除了俄瑞斯忒斯自己的话语——都来自上帝和其他超自然神灵。合唱团组成了厄里倪厄斯或孚里埃这些古老复仇女神，她们追逐着俄瑞斯忒斯，从他受到神祇阿波罗的净化的特尔斐的神庙，一直到雅典。雅典的守护神**雅典娜**做了一个（对于神而言）史无前例的决定，由雅典的公民对俄瑞斯忒斯进行判决，这是一个关于公民陪审团制度的神话故事常被用来表达法庭民主革新的愿望。这个审判及其后续发展在本书最后部分有所交代（与埃斯库罗斯原始文字相比，做了些许修改）。

朱塞佩·皮亚诺（Giuseppe Peano，1858—1932）
这位伟大的意大利数学家和逻辑学家富有创造力的一生的大部分时间都是在都灵大学任教授。虽然他在**数学基础**的研究方面的想法不如**弗雷格**的思想那么有影响力，但像弗雷格一样，皮亚诺创建了今天仍在使用的一阶**逻辑**符号体系以及一个算术**公理**系统，事实上，我们的算术的正式名称就是皮亚诺算术。他对**伯特兰·罗素**影响巨大，尤其是在逻辑符号方面，皮亚诺使用的符号比弗雷格的更具有"用户友好"性。皮亚诺相信，所有的数学都可以在通用的最小的语言下，从几个公理出发来形式化地表达。但是，当他试着以教科书的形式展示自己的通用数学版本并将之用于教学时，却遭到了学生的抵制，最终导致这本书被撤回。受到他通过使用通用语言来整合所有数学的尝试的启发，皮亚诺后来又基于一种简化形式的拉丁语创建了一个国际辅助自然语言，想在拥有不同语言背景的人中使用，他称其为拉丁国际语。然而，正如世界语、沃拉普克语、伊多语等许多超乐观时代出现的人造国际语言一样，皮亚诺的创意

最终被证明只是一个白日梦。

亨利·庞加莱（Henri Poincarè，1854—1912）庞加莱出生于法国南锡。虽然庞加莱先后就读于巴黎综合理工大学和巴黎高等矿业学院学习工程学，但他注定会与**大卫·希尔伯特**一起成为那个时代最伟大的数学家。他曾被称为是"最后一位数学全才"，即，最后一个对那个时代的各数学分支都拥有深厚学养的数学家。他在许多不同的数学分支中都做出了重要的贡献，包括微分方程、自守函数、多复变量理论、概率和统计等。在他的《**位置分析**》（*Analysis Situs*）（又称《拓扑学》）中，他实际上创建了20世纪的主要研究领域——代数拓扑学，他关于三体问题的工作奠定了现在称作混沌理论的基础。尽管他有许多伟大创新，但庞加莱是一个极端务实的人，一直到他生命的尽头——与他的数学研究并驾齐驱——他都在做着最接地气的工作，例如矿检和一个让埃菲尔铁塔成为巨大的天线为航海者广播时间信号的工程项目。他也许是最后一个坚持更传统的数学观念的伟大数学家，旧的数学观念主张直觉超过严谨和形式主义的浪漫信仰。这一立场因他对**格奥尔格·康托尔**的**集合论**的态度而知名，他把康托尔的集合论看作是一种"疾病，从这里出发，数学终将被治愈"。他关于数学创造的观点，可由他的话来概括："**逻辑**是贫瘠的，除非通过直觉来丰富它。"也正因为这一观点，他被很多认为是鲁伊兹·布劳威尔的直觉主义学派的先驱，**直觉主义**是与希尔伯特的严格形式主义截然相反的理论。

谓词演算（Predicate calculus），经常与谓词**逻辑**和一阶逻辑同义使用，是**布尔**发展的命题逻辑的**弗雷格**扩充。在谓词演算中，基本命题（或谓词）是形为 $P(a, b, c, \cdots)$ 的组合对象，其中 P 是语言中的一个符号，a, b, c 等是常元或变元。例如，如果"年长"是一个谓词符号，"柏拉图"是一个常元，x 是一个变元，那么"年长（柏拉图，x）"是一个符合语法规则的命题，描述的是"柏拉图比 x 年长"。这种类型的命题可以用布尔联结词"与""或""非"和"蕴涵"来组合，并用**弗雷格**的量词做前缀，如"所有 x"（记作 $\forall$）和"存在 y"（记作 $\exists$）。因此，"存在 x 年长（x, 柏拉图）"的意思是指存在（至少）一个个体比柏拉图年长。显而易见，在尝试构建**莱布尼茨**的推理演算方面，谓词演算比**布尔**的较简单的形式逻辑要更有野心。通过引入数学不同领域中的符号（如"＜""＋"等等）可以在这种逻辑化的精确语言来构造表达数学命题的谓词。例如，算术定理"每个整数或者是奇数或者是偶数"可以写成

$$x \exists y(x=y+y \text{ 或 } x=y+y+1)$$

严格来定义，以简单的数学对象为变元的谓词演算版本称为一阶逻辑，而二阶逻辑的变元也可以是**集合**，表达"有集合 S"这样的命题成为可能。这一更强大的语言能够表达出所有已知的数学。（一阶或二阶）谓词演算中的一个命题真或假，取决于解释此命题的模型。例如，对上面给出的简单的算术定理，如果把符号"＋"做通常的解释，该命题就为真；但如果把符号"＋"解释为乘法，则该命题也可能为假。然而，一些命题——有效的命题——为真是独立于解释的，因为它们体现了布尔联结词和量词的基本性质。**库尔特·哥德尔**的完全性定理为证明一阶逻辑的有效性提供了一个简单、完全的公理化系统。

《**数学原理**》(*Principia Mathematica*) 一部极具影响力，却也备受争议，而本质上还未完成的著作，该书是紧随**罗素悖论**带来的危机之后，**阿尔弗雷德·怀特海**和**伯特兰·罗素**试图营救**弗雷格**以**逻辑**为基点构建**数学基础**的伟大计划。书名《数学原理》本身就招致争议，因为它与牛顿的最伟大的著作完全同名；许多英国数学团体的成员认为，这一选择不够礼貌，甚至称得上是亵渎。《数学原理》的三卷分别出版于 1910 年、1912 年和 1913 年，基于罗素的类型论的成熟版本，即所谓的"分歧"论，在**集合论**的对象上加入了层级结构。然而，如果不额外添加上罗素所说的还原**公理**，就不会得到想要的结果，还原公理最终成为整个工作受到反对和批评的主要原因之一。逻辑学家发现这个公理极端反直观，太过牵强，而且主要是通过人工方法把正尝试要解决的问题掩盖了起来。尽管事实上《数学原理》未能实现作者的伟大抱负，但它对现代逻辑的整体构架产生了巨大影响，其最大的影响可能是为**库尔特·哥德尔**的开创性发现——**不完全性定理**提供了灵感和背景。

证明（Proof）对一个数学或**逻辑**陈述进行逻辑验证的过程，从一集公认的基本原则（这些原则或者是**公理**或者是从这些公理推导出的已证陈述）出发，通

过完全明确、完整的逻辑步骤或推理规则来完成。在两千多年的时间里，**欧几里得**的《几何原本》一书中对于几何命题的论证都被认为是树立了一个人们所追求的数学证明的典范。然而，临近 19 世纪末时，他的方法在受到逻辑和哲学的仔细审查之后，被发现主要存在两个方向上的不足：（1）认为公理都是逻辑上"显而易见"的；（2）在逻辑的间隙中，直觉（在欧几里得这里主要是直观几何）取代了关于规则的形式系统的严格应用。在某种意义上，**弗雷格**以及**罗素**和**怀特海**的逻辑主义计划的发展是由于发现了欧几里得及紧随他的工作中的证明所存在的缺陷，是对这种不完美的一种反应。逻辑主义者，同时也是形式主义者致力于**数学基础**的研究，目标是给出一个完全发展的理论和严格证明的实践，进而从极小数量的一集一致的公理集出发，给出（作为所有数学的基础的）算术，并通过证明最终导出全方位的真理。**希尔伯特**于 1928 年提出了原创性的决策问题——问题提出 7 年之后**阿兰·图灵**做出了解答——等价于要求一个非常强大的证明装置，它可以通过严格的**算法**给任何数学陈述一个可证或不可证的回应。

伯特兰·罗素（Bertrand Russell，1872—1970）罗素生于威尔士，全名伯特兰·阿瑟·威廉·罗素三世伯爵，这归因于他的贵族血统，他是重要的政治领袖约翰·罗素伯爵的孙子，并最终继承了其祖父的头衔。4 岁时，罗素成了孤儿，他的祖父母继续抚养他，两年后，他的祖父去世，罗素的祖母独立将他抚养成人。他在位于伦敦西部的里奇蒙公园的彭布罗克家族庄园里长大。现今，罗素也许是以他广泛传播的哲学论述而著称于世，他于 1945 年出版的《西方哲学史》（History of Western Philosophy），到今天来看仍旧是具有独特风格的、充满智慧且具有高度可读性的讨论复杂思想的经典之作。尽管他后来作为一位支持和平主义和反对核武器的活动家而做的工作为他赢得了国际声誉，但是罗素最大的贡献还是在数理**逻辑**领域，这些贡献让他与历史上最伟大的逻辑学家们，如**亚里士多德**、**布尔**、**弗雷格**和**哥德尔**等人共同载入史册。尽管他在构建科学的逻辑方面的工作意义重大，直接影响了哥德尔的伟大发现，同时间接影响了**维也纳学派**的"科学世界观"以及逻辑实证主义和逻辑经验主义的哲学,但罗素在逻辑方面的工作却终止于《数学原理》,这是一部他与**阿尔弗雷德·诺斯·怀特海**合写的,完成于他即将40岁之时的巨著。罗素认为《数学原理》本质上是一个失败的作品,因为它没有达到他以及其他逻辑学家想在逻辑之上稳固的建立安全的数学的宏大野心。

罗素一生结过四次婚,是三个孩子的父亲。他的第一个儿子约翰还有约翰的女儿都被诊断为精神分裂症,后者自杀身亡。这一病情很有可能是家族性遗传精神疾病的又一例证,这在他的伯父威廉(William)和姑母阿加莎(Agatha)身上也显现了。在生命的最后十年,罗素把所有的精力都放在为核裁军而进行的战斗上,成为了和平主义者的代言人。

罗素悖论(Russell's Paradox)该悖论于1901年被发现,当时**罗素**正在写他的关于**数学基础**研究的第一本书《数学原则》(Mathematics)(1903年出版)。这个悖论的最初表达形式表明了由波尔查诺(Bernard Bolzano,1781—1848)的"具有共同性质的元素的聚集"这一简单概念发展而来的**康托尔集合论**中的一个本质缺陷。由于这个定义的普遍性,**弗雷格**将其扩展到了**逻辑**领域,人们既然可以说"集合的集合",最终也就可以说"所有集合的集合"。关于这个全包容集合的元素,人们定义了"自包容"性,即,一个集合包含其自身作为一个元素。这样,所有集合的集合是一个集合(因此该集合包含它自身),因为它是一个列表中所有条目的集合(它可以作为列表中的一个条目出现),但是所有数的集合并不是一个数,因此所有数的集合不包含它自身。根据这一性质,我们可以定义"所有不包含自身的集合组成的集合",并和青年罗素一样,去问这样一个问题:"这个集合是否包含自身作为元素?"看看会发生什么:如果这个集合包含自身,由于这个集合是由不包含自身的元素组成的集合(这是这个集合中元素的特性),因此这个集合不能包含自身。但是如果它不包含自身,那么它就具备不包含自身的性质,这样它就包含自身。这种假设某些东西蕴涵其否定且反之亦然的情况被称为悖论。当某一悖论,如罗素悖论,从某一理论中生发出来时,就意味着这个理论的某一基本前提、定义或**公理**出了问题。虽然从历史上来看,罗素悖论是在集合论情境中发展出来的，但罗素后来却认为他的悖论本质上是与**自指**有关，即与提到自身的陈述相关，正如欧布里德（Euboulides）所说："我正在对你说谎"。

自指（Self-reference）从字面来看，自指是指一个陈述具有提及自身的命题的特点。然而，这个词在**逻辑学**中被更广泛地用于表述包含自身在其所指的辖域范围内的陈述，正如用来解释**罗素悖论**的"理发师"故事那样。这个理发师生活在有如下法令的小镇里：所有小镇居民都必须要么自己刮胡子，要么由理发师刮胡子。这条法律是自指的，因为这位理发师除了是法令中所说的"理发师"，还是"小镇的居民"。自指对于逻辑和数学影响巨大，早在古希腊人就是如此。从欧布里德的自指陈述，到**康托尔**关于实数不可数的**证明**对自指的数值变量的强烈依赖，到**罗素**和他的悖论，再到**哥德尔**。事实上，哥德尔证明的**不完全性定理**是在现代逻辑的情境下构造了一个与欧布里德提出的陈述相当神似的命题，它们的主要差异在于：欧布里德说的是"该陈述是假的"，而哥德尔给出的智巧变种本质上是在算术语言下说"这个陈述是不可证的"。任何可以形式化这一陈述的一致的公理化理论，必然是不完全的：因为这一陈述要么为假，则该陈述既假又可证，这与该公理化系统具一致性相矛盾；要么为真，如果这个命题为真，则它即真的又不可证，即具有不完全性。

集合论（Set theory）研究由具有同一性质的对象所组成的合集。在一些情况下，这一性质没别的，就是把一些元素定义成同一集合的元素这一事实，如在一个随意定义的集合中，其元素可以是数字2、3、8、134和579。捷克数学家伯纳德·波尔查诺（Bernard Bolzano，1781—1848）最早开始研究集合，他引入了术语门格（Menge，"集合"），并定义了集合的势（又称基数）的概念，即不通过度量而引入的"大小"概念。如果两个集合的元素有一一对应的关系，就称这两个集合是等势的（即有相同的基数），并不需要知道集合中元素的精确个数。这个定义有一个很大的优势，它对于数的概念不再适用的无穷集也成立：数学家们不认为"无穷"是一个数。然而，随之而来的一些情况看起来像是悖论，例如，自然数和偶数可以是一一对应的（只要把每个自然数乘以 2，或者每个偶数除以 2），这意味着一个集合可以和自己的子集具有相同的基数。这一现象阻碍了波尔查诺进一步发展自己的理论。一个有些争议的说法是，集合论作为高等数学的一个学科门类诞生于 1873 年 12 月 7 日，当时，**格奥尔格·康托尔**写信给他的老师理查德·戴得金，描述了他关于实数（整数、小数、零和负数的集合）不可数性的**证明**，这与也由康托尔证明的有理数（所有分数）的可数性相对立。其中可数性是由与自然数 1, 2, 3, … 一一对应来定义的。集合的概念实在太原始，以至于无法成为数学定义，而从实践来看，如果不使用同义词（这里使用的是"合集"）也根本不可能给出非形式的定义。正是波尔查诺和康托尔工作中集合概念的这种"自然性"导致了**罗素悖论**。为了克服这一问题，并排除它所允许的"所有集合的集合"这样的瑕疵概念，人们不得不给出自下而上的构造并给出关于集合的**公理**，正如《**数学原理**》及后来的 ZFC 系统中给出的那样，ZFC 中的 Z 和 F 来自两位创立者——恩斯特·策梅罗（Ernst Zermelo，1871—1953）和亚伯拉罕·弗兰克尔（Abraham Fraenkel，1891—1965）——的名字的首字母，而 C 则来自选择公理（the Axiom of Choice）。选择公理是若想该理论能处理无穷集合所必须附加的公理。集合论被一些人认为是最基本的数学分支，因为数学的所有其他分支都可以通过它来定义。这是一个已经开始进行的有野心的计划核心要点，大约从 1930 年起，由笔名为尼古拉·布尔巴基（Nicolas Bourbaki）的一群杰出法国数学家在集体撰写。

《逻辑哲学论》（*Tractatus Logico-Philosophicus*）**路德维希·维特根斯坦**在第一次世界大战期间根据自己战前关于**逻辑**的笔记和想法，写出了他的第一本哲学著作。其中包含了有关世界、表达和语言的（用他自己的话来说）"所有哲学问题"的解决方案。这本书最初叫 *Logische-Philosophische Abhandlung*，后来在 G.E.摩尔（George Edward Moore，1873—1958）偏爱拉丁文题目的影响之下，该书用英文出版时重命名为 *Tractatus Logico-philosophicus*。在《逻辑哲学论》中，维特根斯坦使用了很多来自逻辑学的技术和思想，特别是来自**弗雷格**和**罗素**的想法，但其内里又采取了（与弗雷格和罗素）完全不同的，主要来自亚瑟·叔本华（Arthur Schopenhauer，1788—1860）的哲学立场。虽然当时维特根斯坦名不见经传，在罗素同意为他写引言后，这本书的出版才成为可能（罗素称这本书是"哲学界的一个重要事件"），但《逻辑哲学论》也正是引起两人争吵的导火索。维特根斯坦认为罗素的引言——并非感激——充满了误解和哲学错误，而罗素则把《逻辑哲学论》视为——正如他所见——维特根斯坦滑向神秘主义的第一个标志。这本结构紧凑的书重点处理7个主要的命题，其中每个命题各用一章专门讨论，这些命题以一种学究式的，通常又有点令人困惑的标号系统进行编排。前两个命题（1和2）扩展了态度"世界就是所有发生的事"，"发生的事"就是事实和事实的组合。这与古典哲学，特别是**亚里士多德**的形而上学背道而驰，后者认为世界是由对象组成的。在《逻辑哲学论》的逻辑语言中，对象的确是与事物的状态相结合，但它们之间有着复杂的组合和相互关系，对象并不是作为基本单位。下两个命题（3和4）主要是发展了现在被称为语言的图理论的内容，通过这部分出现的有关表达和语言的描述"思想是有意义的命题"，维特根斯坦将思想划定为逻辑命题，但是是在关于世界的一些情境之下。这也许是书中最微妙的部分同时也是与维特根斯坦把数学和逻辑看作生产重言式的机器的想法相关的部分。命题5和6发展了"命题是初始命题的真值函数"的思想，其中数学的符号化概念被用来精确地解释什么是真值函数。这里，维特根斯坦结合**布尔**的组合律，应用逻辑把命题（进而是语言和思想）定义成了原子或初始命题的组合。书中这一部分为了处理布尔函数，实际上第一次给出了今天被称为"真值表方法"的内容。书中最后一句即命题7是："对于我们不能说的，我们必须保持沉默。"（此引用及其他引用来自 D.F. 皮尔斯和 B.F. 麦吉尼斯的英文翻译版本。）最后这个命题有两个差距很大的解释：极端正面的解释来自**维也纳学派**，从字面上来看，（逻辑上）"不能说"的就是没意义的；而另一种解释则是维特根斯坦等人后来自己给出的，他们认为"不能说"的恰恰是真正重要的，罗素因此称之为"神秘的"。《逻辑哲学论》是西方哲学史上影响巨大且被深入研究的一部著作，它的影响是多方面的，已经获得确认的是，它还影响到今天世界上计算机和数据库模型的构建方式。

阿兰·图灵（Alan Turing，1912—1954）图灵生于伦敦，这位伟大的英国数学家被公认为计算机科学之父。图灵在数学的很多领域都有所贡献，但他最为人所熟知的是他在**逻辑**领域的一个早期成果。早在他还是剑桥大学学生时，他就迷上了**数学基础**，尤其是**库尔特·哥德尔**的**不完全性定理**，这激发他去研究了经哥德尔的分析之后仍旧留存下来的**希尔伯特**"决策问题"。决策问题关注的是，对于

一个给定的逻辑系统，是否存在**算法**来确定一个命题在该系统下是否可证。图灵的回答是毁灭性的"没有"。要确认该结论，首先必须给出算法概念的严格定义。他那具有独创性的定义是以理论"机器"的形式给出的，这"机器"由一个中央控制器和能够存储、输入和输出的带子组成。这个定义抢先给出的数字计算机的重要原理，从那时起对计算机的实践和思想产生了巨大的影响。图灵机——我们现在这么叫——和现今的计算机拥有共同的关键性质——普适性，即只要给出合适的程序，一台机器可以执行任何计算任务。另有两位数学家，阿隆佐·丘奇（后来是图灵在普林斯顿大学的指导教师）和埃米尔·波斯特，大约在同一时间，各自独立提出算法的形式主义，而这两个提法最终被证明与图灵的提法等价。然而，图灵的形式化影响最大，主要是因为其基本结构极其简明，这反而使它可以实现极其复杂的结果。图灵（以及其他提到的人）在问题一般可解性的算法和方法上的工作，是对基础进行探索的显著成果，某种意义上达到了其顶点。在第二次世界大战期间，图灵主持设计和建造了两个系列的电子计算机——Bombe 和 Colossus。它们被成功地用于战争中，破解了德国的加密代码，包括著名的难以破解的德国海军"英格玛"（Enigma）密码。战争结束后，图灵在新崛起的英国计算机工业行业工作，在生物学领域做出了重要的工作，并通过给出我们今天所说的图灵测试开创了人工智能领域。图灵测试是用来确定一个人工产品是否"能思考"的方法。图灵一直热衷于体育和竞技——他是一位卓有成就的长跑者——他是提出开发国际象棋游戏程序想法的第一人，把以掌控游戏为目标当做智能机器设计者应该追求的一个目标。1952年，图灵因同性恋受到指控，同性恋在当时的英国是一种犯罪行为。他同意忍受一项实验性的雌激素"治疗"来代替服刑，这可能是他患上了严重的抑郁症的原因，并最终导致他于1954年结束了自己的生命。

维也纳学派（**Vienna Circle**）1924—1936年，一群哲学家和有着哲学心灵的科学家在维也纳相遇。他们的主要目标体现在两个方面：一是应用由当时**逻辑学**、数学和物理学的最新进展所带来的科学方法论洞见，建立强大的经验主义哲学；二是将物理科学的方法应用于社会。受过系统科学训练的科学哲学家莫里

茨·石里克（Moritz Schlick, 1882—1936）被公认为该学派的领导人。该学派的部分杰出代表成员有：数学家汉斯·哈恩（Hans Hahn）、奥尔加·哈恩-纽拉特（Olga Hahn-Neurath, 1882—1937）、古斯塔夫·伯格曼（Gustav Bergmann, 1906—1987）、卡尔·门格尔（Karl Menger, 1840—1921）和**库尔特·哥德尔**（短时期），（Kurt Gödel, 1880—1975）物理学家菲利普·弗兰克（Philipp Frank, 1884—1966），社会学家奥图·纽拉特（Otto Neurath, 1882—1945），以及哲学家维克多·克拉夫特和鲁道夫·卡尔纳普（Rudolf Carnap, 1891—1970）。这群科学家每周四晚在维也纳的"中央咖啡馆"进行不那么正式的会面，后来逐渐发展成公开集会的社团。尽管该学派最初是以非正式的形式自然形成的，其成员却有着共同的哲学信仰，这一信仰以宣言的形式发表出来，名字是"世界的科学构想"。该学派的成员宣称，**弗雷格**、**罗素**和爱因斯坦的工作为他们提供了最初的灵感，而**路德维希·维特根斯坦**的**《逻辑哲学论》**则为他们给出了直接的模型。逻辑实证主义和逻辑经验主义是维也纳学派成员的世界观，他们认为知识来自经验，也就是说主要来自科学观察和实验——通过逻辑分析和综合发展成理论。而作为《逻辑哲学论》的追随者，维也纳学派的成员坚持认为，逻辑和数学只能处理重言式，因此并不提供知识，只是用于详细阐述经验知识的工具之一。按照维也纳学派的世界观，不能归结为经验的陈述（如神学或道德声明）就不能是正确的或是错误的，因为——完全从字面来看——是没有含义的，因此也就没有意义。这一信条最极端的版本由卡尔纳普给出，他实际上要求，一个陈述如果想成为有意义的，其真假一定可以通过将其归约为可观察的真理的**算法**来验证——**莱布尼茨**"演算"的新体现。卡尔纳普后来试图将这个观点与**不完全性定理**相调和。尽管在1936年石里克被他的一位偏执人格的前学生，同时也是纳粹的支持者杀害后，维也纳学派最初的组织已经解散，但这一学派的精神一直在继续。学派的大多数成员设法逃离了奥地利，移民到英国和美国，并对战后哲学的发展产生了重大影响。

约翰·冯·诺依曼（John Von Neumann, 1903—1957）冯·诺依曼生于布达佩斯（John 是匈牙利语 Janos 的英文形式）。冯·诺依曼很早就显露出不同寻常的智力水平，他6岁时就能算8位数除法，用古希腊语对话。他在布达佩斯学习数

学，22 岁时就取得了博士学位，为使父亲高兴，他同时还在著名的苏黎世技术大学为获得化学工程学位而努力工作。他迅速成为他们那一代人中的明星数学家，以他的洞察力和速算的数学天分成为传奇。在参加**哥德尔**宣布第一**不完全性定理**的演讲后，冯·诺依曼第一个意识到这一结果的重要性，在这一演讲之后发表了"一切都结束了"的声明。但在这之后，他马上给哥德尔提出了重要的建议，并继续去证明第二不完全性定理，与此同时，哥德尔本人也独立完成了证明。冯·诺依曼从此再未踏足**数学基础**研究工作。他所拥有的数学天分表现在诸多领域，在集合论、算子代数、遍历理论和统计学等多个数学分支做出了巨大贡献，被称为"最后一位伟大的数学家"。他还在量子论、流体力学和数理经济学方面做了重要的工作，与经济学家奥斯卡·摩根斯特恩（Oscar Morgenstern，1902—1977）一起创立了博弈论。第二次世界大战期间，他是研制原子弹的专家之一，之后又率领美国政府委员会主管氢弹的研制。然而，他所有工作中最重要的也许是在创造计算机过程中的贡献。1946 年，第一台电子计算机的设计顾问冯·诺依曼受到**阿兰·图灵**的思想的影响，发展出一个基本设计原则的数组，其中以一个中央处理器（CPU）和能够存储数据和程序的独立存储器设备为预设的必备条件。之后几乎所有的计算机设计都是以这样的基础模型为基础，这个基础模型现在被称为冯·诺依曼体系结构。冯·诺依曼在成为了最早、最伟大的计算机科学家的道路上继续前行，尤其是在现在被称为科学计算的领域，即科学研究中的计算机应用领域成就卓越。冯·诺依曼于 1957 年死于癌症，享年 54 岁，这可能是他参与热核试验的结果。

阿尔弗雷德·诺夫·怀特海（Alfred North Whitehead，1861—1947）英国数学家和哲学家。生于 1861 年，在剑桥大学学习数学，之后又留校任教几十年。1891 年，他与韦德·伊芙琳结婚，这位爱尔兰女子与比他年轻很多。他与**罗素**合作十年之久，全身心投入撰《**数学原理**》。在此之前，怀特海出版了《泛代数》，尝试从当时看来非常现代的形式化观点出发，研究不同代数系统中符号推理的类型。在罗素放弃了《数学原理》之后，1913 年，怀特海试图撰写关于几何的第 4 卷，但最终未能完成。在《数学原理》出版之后，他和罗素几乎断了来往，对于 1925 年再版的《数学原理》第 1 卷（第 2 版）怀特海没有任何贡献，他的研究兴趣转向了数学物理学和后来的哲学。

路德维希·维特根斯坦（Ludwig Wittgenstein，1889—1951），维特根斯坦被很多人认为是 20 世纪最伟大的哲学家。他的父亲，工业巨头卡尔·维特根斯坦有八个孩子，是奥地利最有权有势的人，同时也是一位伟大的艺术赞助人。维特根斯坦的四个哥哥中，三个在刚成年时就自杀了，第四个哥哥保罗后来成为著名的钢琴演奏家。在学了两年工程学之后，维特根斯坦对**逻辑**和**数学基础**产生了浓厚的兴趣。他去拜访**弗雷格**，后者建议他去剑桥大学跟随**罗素**学习，这条建议维特根斯坦照办了。维特根斯坦和罗素这对师生之间的关系对两个人都有很大的影响，但恐怕对老师的影响更大一些。在第一次世界大战期间，维特根斯坦服务于奥匈帝国的军队，他的英勇为他赢得了几枚勋章，嘉奖令强调了他"在战火中沉着冷静"。最终他还是被敌军俘虏，并在意大利的战俘营中完成了他的巨著《逻辑哲学论》。战后，他把父亲留给他的巨额财富捐赠给了他的三个姐姐，在用《逻辑哲学论》"解决了所有哲学问题"（这是他所相信并宣称的）之后，他去当过园丁、建筑师，最终在下奥地利州的一个小村庄中当起了老师。1929 年，也许是在与**维也纳学派**成员互动时受到了鼓舞，同时也由于出席了由鲁伊兹·布劳威尔给出的关于**直觉主义**的数学哲学演讲，维特根斯坦重返剑桥，回归哲学。他收回了自己工作的早期成果，又创建了一个新的极具影响力的哲学立场，这一立场被称为"后维特根斯坦"。与《逻辑哲学论》的思路不同，维特根斯坦不再试图将他的后哲学以系统化的专著方式呈现，而是给出了一系列篇幅不等的独立评论。这些评论中的大部分在他看来可以逐渐积累成一本书，这就是在他去世后出版的《哲学研究》，这本书和基于他的笔记本和演讲或讨论的整理稿所出的几本书，就是体现他后期思想的全部资料。这是一种极端的反对教条主义本质的哲学立场，聚焦于语言和心理学（我们现在称之为认知心理学），而不是逻辑和客观真理；关注像"家族相似"与"语言游戏"这样的模糊概念，而不是明确的定义和命题。在后一阶段，维特根斯坦的思想可以归结为对此前由他人以及他自己一直实践着的哲学的恶意批评。正是因为这种批评（而不是其他别的什么），罗素对他的后期工作不屑一顾，指出维特根斯坦的决定是要"变成一名神秘主义者"。而他对数学的负面评论大部分集中在剑桥大学他的演讲笔记的手抄本中。在这些评论中，他越来越把数学当做一种纯粹的实践活动，一门只有在应用中使用了才具合法性的手艺。尤其有趣的是他与来听演讲的阿兰·图灵之间的对话，图灵强烈反对他关于数学的思想。

参考书目

在为《疯狂的罗素》做准备的过程中，我们读了很多书——在这个项目的想法诞生之前读的那些还未算在内——查阅过非常多，甚至更多的文章。选择这些资料（这里只列出了其中很少的一部分）或是由于它们信息量丰富，或是由于它们的敏锐、深刻，或是由于其综合能力。当然，这是一个仅代表个人选择的书目（没有任何其他多余的考虑）。以下是我们最喜欢而且认为最有用的书。

Andersson, Stefan. *In Quest of Certainty: Bertrand Russell's Search for Certainty in Religion and Mathematics Up to the* Principles of Mathematics *(1903)*. Stockholm: Almqvist & Wiksell International, 1994.

Davis, Martin. *The Universal Computer: The Road from Leibniz to Turing*. New York: W. W. Norton & Company, 2000.

Gray, Jeremy J. *The Hilbert Challenge*. Oxford: Oxford University Press, 2000.

Janik, Allan, and Stephen Toulmin. *Wittgenstein's Vienna*. New York: Simon and Schuster, 1973.

Monk, Ray. *Ludwig Wittgenstein: the Duty of Genius*. London: Jonathan Cape, 1990.

— *Bertrand Russell: the Spirit of Solitude*. London: Jonathan Cape, 1996.

— *Bertrand Russell: the Ghost of Madness, 1921-1970*. London: Jonathan Cape, 2000.

Reid, Constance. *Hilbert*. Berlin: Springer-Verlag, 1970.

Rota, Gian-Carlo. 1997. "Fine Hall in its Golden Age". In *Indiscrete Thoughts*, ed. Fabrizio Palombi, 4-20. Boston: Birkhauser Verlag AG.

Russell, Bertrand. *My Philosophical Development*. London: George Allen & Unwin, 1959.

— *The Autobiography of Bertrand Russell*, 3 vols. London: George Allen & Unwin, 1967-1969.

— Griffin, Nicholas, ed. *The Selected Letters of Bertrand Russell*. London: Routledge, 2002.

Scharfstein, Ben-Ami. *The Philosophers*. Oxford: Oxford University Press, 1980.

Stadler, Friedrich. *The Vienna Circle, Studies in the Origins, Development, and Influence of Logical Empiricism*. English translation by Camilla Nielsen. Vienna: Springer-Verlag, 2001.

Van Heijenoort, Jean. *From Frege to Gödel*. Cambridge: Harvard University Press, 1967.

Wittgenstein, Ludwig. *Tractatus Logico-Philosophicus*. (English translation: D. F. Pears and B. F. McGuinness. London: Routledge and Kegan Paul, 1961.)

LOGICOMIX

by APOSTOLOS DOXIADIS & CHRISTOS H. PAPADIMITRIOU

Copyright © 2009 by LOGICOMIX PRINT, LTD.

This edition arranged with CONVILLE & WALSH LIMITED

through Big Apple Agency, Inc., Labuan, Malaysia.

Simplified Chinese edition copyright:

2018 China Renmin University Press Co., Ltd.

All Rights Reserved.

图书在版编目（CIP）数据

疯狂的罗素：逻辑学与数学的奇幻之旅 / 阿波斯托洛斯·佐克西亚季斯 (Apostolos Doxiadis)，赫里斯托斯·H.帕帕季米特里乌（Christos H.Papadimitriou）著；阿雷卡斯·帕帕达托斯 (Alecos Papadatos)，安妮·迪·唐娜 (Annie Di Donna) 图；张立英译. —北京：中国人民大学出版社，2018.2
书名原文：Logicomix: An Epic Search for Truth
ISBN 978-7-300-23938-5

Ⅰ.①疯… Ⅱ.①阿… ②赫… ③阿… ④安… ⑤张… Ⅲ.①罗素（Russell，Bertrand 1872–1970）–生平事迹 ②逻辑学 ③数学 Ⅳ.①B561.54 ②B81 ③O1

中国版本图书馆 CIP 数据核字（2017）第018676号

疯狂的罗素：逻辑学与数学的奇幻之旅

阿波斯托洛斯·佐克西亚季斯
赫里斯托斯·H.帕帕季米特里乌　著
阿雷卡斯·帕帕达托斯
安妮·迪·唐娜　　　　　　　图
张立英　译
Fengkuang de Luosu

出版发行	中国人民大学出版社			
社　　址	北京中关村大街31号		邮政编码	100080
电　　话	010-62511242（总编室）		010-62511770（质管部）	
	010-82501766（邮购部）		010-62514148（门市部）	
	010-62515195（发行公司）		010-62515275（盗版举报）	
网　　址	http:// www.crup.com.cn			
	http:// www.ttrnet.com（人大教研网）			
经　　销	新华书店			
印　　刷	北京瑞禾彩色印刷有限公司			
规　　格	170mm×240 mm　16开本		版　次	2018年2月第1版
印　　张	21.75		印　次	2023年10月第4次印刷
字　　数	102 000		定　价	89.00元

版权所有　　　侵权必究　　　印装差错　　　负责调换